AF451778

# LE GOVVERNEMENT DE LA CAVALLERIE LEGIERE,

*Traicté,*

Qui comprend mesme ce qui concerne la graue, pour l'intelligence des Capitaines.

*Matiere par ci-deuant iamais traictée, reduite en art auec ses preceptes*

PAR

George Basta, Comte du S. Empire Romain en Huft & Marmaros, Libre Baron & Seigneur de Tropauie en Silese, & Sultz en Flandre,

Gouuerneur General en Vngrie & Transiluanie pour feu l'Inuictissime Empereur Rodolphe I I. de glorieuse memoire, & Lieutenant general des armees de sa Maiesté:

*Mis en lumiere en sa forme originelle en langue Italienne*

Par

IEROSME SIRTORI Milanois:

&

*Nouuellement declaré auec demonstrations & figures du mesme:*

Traduit à present en langue Françoise, & engraué en cuiure

Par

IEAN THEODORE DE BRY.

Imprimé à HANAW,

M. DC. XIV.

## Au Sereni∫sime Prince
# FERDINAND, ARCHE-
### VESQVE DE COVLOGNE, ARCHE-
CHANCELIER DV S. EMPIRE ROMAIN
par l'Italie,

*ET*

ELECTEVR, EVESQVE DE LIÉGE ET
Mun∫ter, COADIVTEVR ET ADMINISTRA-
teur de Padeborne, Hildesheim & Berch-
tesgaden,

*Prince de Brabel, Comte Palatin du Rhin, Duc des Bauieres Superieure & infe-*
*rieure, de Westphale, Anguers & Bullon, Marquis de*
*Franchimont, &c.*

## Sereni∫∫. Prince,

E Capitaine, tant fidelle
∫eruiteur de l'Empire, ne
aura be∫oing d'e∫tre co-
gnu de vo∫tre Sereni∫∫. par
mes relations ; ∫es faits e-
∫tans clairs d'eux me∫mes,
& le merite d'iceluy confermé d'vn con-
∫entiment vniuer∫el des armées, & illu-
∫tré par le te∫moignage de feu l'Empe-

* 2

reur Tref-Augufte, & faueur des Princes
de l'Europe.

Duquel eftant obligé par foy & par
loy, de defendre fes efcripts de tout ombre, quoy que petite, de calumnie, ie fuis
refolu de remettre en plus grande fplen-
deur ( en deux langues ) le traitté du maniement de la cauallerie , qu'il m'a recommandé de fon viuant, afin qu'il foit
tant mieux entendu : auec bonne efpe-
rance que parmi le camp de ces entre-
prifes militaires, il ne paffera fans la grace
d'vn Prince fi eminent en l'Empire, iufte
& magnanime , né non moins à l'efpée,
qu'à la Mitre & au Sceptre : la vertu duquel tous admirent ; auquel vn chafcun
s'encline, & ie par deuotion dedie & con
facre ce mien eftude.

De Voftre Sereniffime Alteffe tref-hum-<br>
ble & tref-deuot feruiteur

IEROSME SIRTORI.

DV GOV-

# DV GOVVERNEMENT DE LA CAVALERIE LEGIERE

## Traitté Originel,

### DV CONTE GEORGE BASTA.

#### PREFACE.

IE ne me puis assez esmerueiller, qu'en si grand nombre d'auteurs, tant anciens que modernes, qui ont escript de la discipline militaire, en r'accuillissant les preceptes auec si grande diligence, ne s'est trouué aucun, qui ait escript à plein ce qui concerne la cauallerie: mais qu'employans tout leur labeur autour des ordres de l'infanterie, n'y ont à peine touché, ou s'ils ont dit quelque chose, ce n'a esté que comme en passant, de ceste tant noble & principale partie d'vne armee, selon le cõmun consentiment de tous ceux qui en font profeßion. Et ce qui importe le plus, dont le maniement est difficile, cõme celle qui exposee à plus grand mouuement, moins vni & moins capable de moderation, vient außi à estre trauaillee des accidens plus estranges. De quoy en recerchãt les raisons, celle cy me semble estre la principale, ascauoir que ces auteurs n'ont examiné que le train de guerre des plus fameux & renommeZ qui ont esté au monde, comme celuy des Grecs & des Romains, desquels toute la force estant en l'infanterie, on ne fit trop de conte de la che-

Raison de ce que iusques à present on n'a gueres traité du maniement de la canallerie.

* 3

uallerie : comme l'on voit des Romains. lesquels en vne
legion pour cinq à six mille infants, n'admettoyent plus
de trois cents cheuaux. Chose qui, peut estre, procedoit,
de ce qu'ayant au commencement des confins estroits, ils
ne peurent entretenir si grand nombre de cheuaux : & se
trouuans auec leur infanterie, auec le temps, tellement
auancez, qu'ils pouuoyent vaincre ceux qui les surmon-
toyet en nombre de cauallerie, ils y ont mis tout leur ap-
puy & effort. Les Grecqs aussi, diuisez en plusieurs republiques, & chascune ayant ses loix propres : il n'y auoit
nulle qui apart soy estoit suffisante de faire leuee de quelque trouppe remarquable de cheuaux. Et outre ce, faisant la plus part leurs exploits en mer, ils taschoyent de
se pouruoir plustost de bonne infanterie pour les arma-
des, que de grand nombre de cheuaux.

Mais s'il m'est licite d'en dire rondement mon aduis,
il me semble, qu'autre n'en est la raison, sinon la faute de
cognoissance de la force, vsage & ordonnance caualleres-
que. Et qu'ainsi en soit, quel effect pouuoit on attendre,
en vne rencontre, & au ioust d'vne debile lance, de ces
hommes à cheual, sans estriuieres, selle & frein ? quelle
vnion & effort au chocq, principalement estant meslez
de pietons ? Et au plus grand besoin, quand plus ils se
deuoyent restraindre, pour faire vne impression plus vi-
ue, on lit, leur auoir esté commandé d'oster la bride aux
cheuaux, & se lancer ainsi sur l'ennemy, pour le mettre
en desordre. Et pour secourir l'infanterie aux plus grandes necessitez, il n'y auoit remede plus expedient, que
mettre pied à terre, & penetrer par les flancqs ou espaules iusques à la front des rangs. Toutes lesquelles choses
demonstrent assez que les Romains n'eurent aucune cognoissance de l'vsage de ceste partie de la milice.

Et combien qu'au declin de l'Empire, par les courses
& irruptions des barbares, la cauallerie vint à estre
estimee en Italie, toutesfois n'y ayant en ces troubles
& meslinges de tant de nations estranges, personne, qui
se mit

se mit à la reduire en ordre, & la comprendre soubs quelques preceptes & regles d'art, elle demeura ainsi confu-
se, de sorte que toute la reputation des armes retomba
sur l'infanterie, lors que Charles VIII. Roy de France
courut ceste prouince, armé plus de pietons, que de cheuaux. Et en lisant les exploits de ces hommes d'armes de
ce temps, il y a bien à rire, les voyant plus propres pour
faire vne barriere, que pour liurer ou soustenir vne bataille. Et es guerres de Piemont passees deuant peu d'annees, combien qu'il y eut quelque nombre de cauallerie legiere, si n'estoit elle d'autre effect, que pour trauailler
l'ennemy par ses courses, ou attaquer quelques escarmouches, ou prendre langue, & faire autres semblables
offices, qui ne sont des batailles rangees.

Mais à present, depuis la venue du Duc d'Alue en
Flandres, lequel, pour n'estre contraint de leuer chasque annee nouuelle cauallerie, ou pour autres raisons,
procura par tous moyens possibles, de tellemēt raffiner la
legiere, qu'il s'en peut seruir à la fason des hommes d'armes, es batailles, en faisant des esquadrons : elle est re-
montée en grande reputation. Et maintenant en ceste
longue guerre, à l'encontre des ennemis puissants, de mesme armure & valeur, l'exercice continuel, en a tellemēt
raffini l'vsage, qu'on peut certainement affermer, que si
la milice à present a quelque reputation ou forme, elle
l'ait acquise en ces Pays-bas. Esquels ayant serui quarante ans, & monté de soldat priué, par tous les degrez,
iusques à celuy du Commissaire general de la Cauallerie, il a semblé bon à quelques amis, de me prier, que ie
misse toutes les obseruations & regles, que le long temps
& l'experience en ce mestier m'ont monstré par escript.
Dequoy, combien que recognoissant le peu de suffisance
d'escrire si proprement & elegamment que la matiere
requeroit, qu'il y a en moy, tousiours plus addonné aux
operations, & cognoissance de ces choses, qu'à les noter,
& en exercer le stile, ie ne les ay toutesfois voulu escon-

Duc d'Alue
cōmēça en
Flandre, à
donner re-
gle à la ca-
uallerie le-
giere.

* 4

duire: outre ce que le defir que i'ay, que cefte partie
tant noble du train de la guerre foit cognue, & gouuer-
nee auec certaines reigles, & non à l'aduis & fantafie
d'vn chacun, m'inuite à monftrer quelques miennes ob-
feruations, auec efpoir qu'il y aura encor quelques autres, qui y adiouftant quelques autres preceptes, pour
l'vtilité de la pofterité, augmenteront, & parferont
cefte mienne œuure: me contentant de ce peu de gloire
qui m'en peut refoudre, d'auoir efté le premier, à reduire le gouuernement de la caualllerie legiere en forme
d'art: prefuppofant toufiours l'vfage & les couftu-
mes de la Flandre, en laquelle ces difcours font re-
cueillis.

*Georgo Ba-*
*fta le pre-*
*mier qui a*
*reduit le*
*gouuerne-*
*ment de la*
*caualllerie*
*legiere en*
*art.*

    Ioint qu'à ce faire, ie ne fuis peu incité par l'oc-
cafion de raccõter en ce difcours, plufieurs exploits, faits
de mon temps, auec la memoire de ceux qui les ont executez, tant pour honorer ceux qui le meritent, que
pour rendre tefmoignage de veuë de tres-louables faicts
de quelques vns: & ce d'autant que i'appersoy, que
la plus part des autheurs, (ie ne fçay pour quelles rai-
fons) nomment feulement les grands & plus fignalez
perfonnages, leur plume defdaignant, ie ne dis pas les
moindres, mais auffi les mediocres, qui ordinairement
font les principaux moyenneurs des bons fuccez: & ce
non fans foupçon d'adulation, ou de fauffe relation, fub-
ornee fouuentesfois des grands mefmes pour fe faire
voir, ou aduancer ceux qui dependent d'eux. De là
voit-on les hiftoires confufes, & les exploits peruer-
tis, en ces autheurs qui fe fondent fur les relations des
priuez, comme on voit d'vn certain, duquel pour l'honneur de la nation, ie ne veux publier le nom, qui faifant
profeffion d'efcrire les guerres de fon temps en ces eftats,
raconte plufieurs fuccez autrement qu'ils ne font paf-
fez, fe pouuant bien excufer de ce trauail. Quant à
moy, ce que i'efcris, ie l'efcris tant plus volontiers, qu'ils
fera publié en temps, que plufieurs qui s'y font trouuez
prefents

presents, seront encor en vie, pour en confermer la verité par leur tesmoignage. Priant aussi cependant les Le-
cteurs, que s'ils rencontrent quelques vns de mes propres exploits espars par ce discours, ils ne l'attribuent à
quelque vaine ambition, ains au desir de leur proposer
les obseruations des choses nouuelles, tant maniées de
moy-mesmes, que veuës d'autruy, ou entendues & re-
ferées plus d'vn tesmoing digne de foy, &
cognues publiquement en ces armées de Flandre.

D'vne sentinelle à l'autre 200 pas : toutesfois auec
 ses exceptions.
D'vne trouppe d'auant-coureurs à l'autre , és redoublez, & de ceux ci aux sentinelles 300 pas,
 auec l'exception des lieux estroits.
De l'auant-garde au bataillon, & de là à l'arriere-
 garde 300 pas, auec ses exceptions.
De l'vne trouppe à l'autre, marchant par des lieux
 estroicts 100 pas.
Des trouppes d'arqueb. du flanc des lances en cõ-
 battant, 30 ou 40 pas, en quelconque ordonnance ou lieu que ce soit.
Des arqueb. de l'ennemi, pour faire leurs tirs, 40
 pas.
Des lances de l'ennemi pour commẽcer leur carriere 60 pas.
De l'vne trouppe derriere l'autre en combattant
 60 pas, auec ses exceptions.
De la corace suiuant la lance pour attaquer , 60
 pas.

    Toutes les autres menutez seront facilemẽt
observées du lecteur attentif.

# TABLE DES CHAPITRES PARTI-
## CVLIERS DE CHASQVE LIVRE

### Livre I.


CHAP. 1. Des officiers en general — fol. 1.
2. Du Commissaire general — 5.
3. Du Capitaine d'vne compagnie particuliere — 7.
4. Des officiers mineurs d'vne compagnie — 8.
5. Du Capitaine de campagne — 11.
6. De l'origine de la corruption de la caüallerie — 12.
7. De la correction & reformation de la caüallerie — 15.
8. De la qualité du soldat, de ses armes & cheual — 17.


### Livre II.
#### Comment la caüallerie doit estre logee.


CHAP. 1. A qui appartient la charge de loger — fol. 21.
2. De la distribution des quartiers — 22.
3. De la necessité d'asseurer les quartiers — 23.
4. En quoy consiste l'asseurance des quartiers — 23.
5. De l'asseurance du village — 24.
6. De la place d'armes ou rendez-vous — 25.
7. De l'asseurance de la contree — 27.
8. Des sentinelles — 27.
9. Des auantcoureurs & cheuauchees, pour battre les chemins — 29.
10. De quelques autres manieres extraordinaires de s'asseurer de diuers accidens — 33.
11. De la maniere d'assaillir vn quartier — 37.


### Livre III.    Du marcher.


CHAP. 1. Qu'on doit auoir notice du chemin, & comment on l'acquerra — fol. 43.
2. De prendre langue — 44.
3. En quel ordre on sort de la place d'armes pour marcher — 46.
4. De l'ordre du bagage au marcher — 46.
5. Du premier repartiment des gens — 47.
6. Du repartissement des gens en trouppes pour marcher — 48.
7. Des auant-coureurs — 48.
8. En quel ordre & repartiment les trouppes marchent de iour par pays large — 49.
9. En quel ordre & repartiment les trouppes marchent de nuict par vn pays ouuert — 51.
10. Du marcher de iour par vn pays estroit — 53.
11. Du sortiment des capitaines & trouppes, és cheuauchees extraordinaires — 54.


### Livre IV.    Du rang de bataille.


CHAP. 1. De l'ordonnance des trouppes en bataille — fol. 59.
2. De l'ordonnance lunaire — 62.
3. Obiection & response sur l'ordonnance lunaire — 63.
4. De l'office du General, son Lieutenant, & du Commissaire general — 66.
5. De l'office & lieu du Capitaine de campagne en bataille — 68.
6. Du lieu & obligation du porte-enseigne au combat — 69.
7. Comparaison des lances & cuirasses — 71.


DV GOV.

# DV GOVVERNEMENT
## DE LA CAVALLERIE LEGIERE
### LIVRE PREMIER.

*Contenu de tout ce discours.*

M'ESTANT en particulier employé & exercé au mestier des armes, iusques à quarante ans autour de la Cauallerie, ie ne suis toutesfois d'aduis d'en traitter en general selon toutes les especes & vsages : ains me restraindray en ce discours à la Cauallerie legiere, parlant d'icelle seulement, comme elle est consideree à part soy, c'est à dire, separee de toute infanterie, & comme elle eschet soubs le gouuernement du Commissaire general ; estant de l'office du Maistre de camp, de la ranger en bataille.

*Le traitté de la cauallerie de George Basta, ne comprend aucune infanterie.*

Toute ceste consideration se peut reduire à quatre poincts principaux, selon lesquels ie partageray ce discours en quatre liures :

I. De la leuée de gens.
II. De regles pour les logis.
III. De l'ordre au marcher.
IV. De la maniere de la ranger en bataille.

Quant à la leuée, il y a deux choses à considerer : l'vne, de l'election des officiers ; & l'autre des soldats. Et touschant les officiers, i'en parleray premierement en general, & puis en particulier, assignant à vn chascun ses qualitez & les termes de son office. Et des soldats, i'en deduiray la disposition tant du corps que de l'esprit, y adioustant la qualité & vsage tant des armes, que des cheuaux requis.

---

### CHAP. I.

*Des officiers en general.*

C'Est vne chose bien estrange, que comme au gouuernement politique, chascun, esmeu par vne impression naturelle tant d'estime que d'amour de soy-mesme, se persuade sans aucune experience estre

*La plus part des homes naturellement poussez au desir de dominer.*

A

suffisant pour gouuerner, & commander à autruy : là où en tous autres
affaires & mestiers, on tasche tousiours d'apprendre des bons maistres, deuant de les vouloir exercer : comme aussi on voit que pour
se pouruoir des choses necessaires, on ne s'addresse qu'à ceux, qui sont
bien adroits pour les preparer, en sorte que pour ferrer le cheual on ne
va au sellier, & pour refaire la selle, au mareschal, ou à autres semblables : qu'ainsi en ce mestier des armes, si difficile & dangereux, se trouuent plusieurs, qui cerchent d'estre capitaines deuant d'auoir esté soldats, de commander deuant d'auoir appris par l'obeissance la forme
*Exercice mili-*
du commandement. Chose qui, selon que ie peux entendre ou comprendre, ne procede d'autre part, que de l'ignorance, mere feconde
de tous erreurs. Car si leur fin, comme il deuroit estre, fut l'honneur,
& s'ils cognussent, combien l'estat d'vn soldat est fragile & muable, &
qu'en vn moment on peut perdre toute la reputation acquise en beaucoup d'annees, les erreurs ou fautes de guerre qui n'admettent aucun amandement, comme il aduient en autres mestiers, estant incontinent suiuies de la punition ; Et si comme moy, ils eussent veu,
plusieurs, enchassez honteusement de l'armee, ou declarez infames, &
autres passez par les mains du bourreau ; ie suis bien asseuré, que deuant d'exercer vne si dangereuse profession, ils en tascheroyent d'apprendre les choses qui y sont requises, auec grand soin & diligence.
Bien grande est aussi la legiereté & promptitude de ceux, qui n'ont autre pretension que la noblesse, à laquelle ils se persuadent estre deu
tout honneur, encor qu'ils ne le meritent ; & la folie d'autres, qui à table estant grands languards, & es places & rues presentent la braueté
*La noblesse*
de leur stature & personne, se iugent dignes des plus hauts degrez. Ie
ne nie point, que semblables qualitez ne donnét à vn officier quelque
respect : mais pour gouuerner & commander en la guerre, il y faut bié
autres choses, & plus essentielles, asçauoir l'experience & dexterité,
voye vrayement royale & asseuree, pour te conduite de degré en degré sans danger de te fouruoyer, ou taheurter à quelques aspretez, qui
te pourroyent faire broncher & tomber en quelque precipice, au vray
palais d'honneur.

L'obeissance pour quelque temps, domte certaines passions que la
nature excite : principalement en ieunes gens, bien vehementes, &
qui en vn chef seroyent fort dangereuses. Elle accoustume l'homme
au danger, & le rend courageux, de sorte qu'assailli subitement, sans
s'estonner il se puisse resoudre & prendre nouueau party : chose tres-
necessaire à celuy qui doit commander. Ioint que de l'accoustuman-
ce au trauail, à veilles, faim, soif, pluyes & glaces, & l'ascente de degré
en degré, de chef d'esquadron au furier, de là au porte enseigne, de là
au lieutenant, il apprend par le menu, ce qui est de chascun office, &
par ce moyen ce qui est du deuoir du capitaine, deuant d'en arriuer à
la charge. Il apprend l'artifice de hanter les soldats, pour les entretenir en bonne affection & en reuerence. Il apprend leur dexterité, fi-
delité & diligence en l'execution des commandements de leurs superieurs, pour les pouuoir en apres choisir, comme executeurs ordinaires des conseils de la guerre : chose aussi & de grande importance, &

à la-

*Exercice mili-
taire subiet à
beaucoup de
dangers, sans
celuy de l'en-
nemy.*

*La noblesse
sans autre me-
rite, n'est suffi-
sante pour cō-
māder en guer-
re.*

*Necessité de
l'obeissance di-
uant de com-
mander.
Soldat accou-
stumé aux da-
gers ne s'y trou-
ble, ains plus-
tost se resoud à
prendre meil-
leur party.*

à la quelle il faut auoir l'œil bien ouuert.

Qu'vn officier donc, capitaine ou conducteur sache, qu'il ne se peut poser fondement plus seur de son auancement, que quand, sans aucune exception, il se propose pour sa derniere fin l'honneur, en y aspirãt iusques au plus haut degré par les moyens & voyes deues, ascauoir de valeur : Chose qui luy seruira comme d'vn esguillon perpetuel, non seulement à se rendre irreprehensible, mais aussi tresdigne de toute faueur. *De là il prendra occasion de penser, que sa vigilance ne sera iamais superfluë, ou mesme bastante, pour ne perdre quelque occasion qui se presente, de quelque braue exploit, & par ce moyen, ira tousiours recerchant & procurant de scauoir, ce que son ennemy fait ou entreprend, pour le preuenir: où & comment il se trouue, pour l'assaillir ou luy faire quelque dommage ; ayant tousiours deuant soy ceste maxime, qu'en la guerre on ne peut faire chose grande & remarquable sans danger & diligence. Et pour tenir tousiours ce chemin net, qu'il se garde comme d'vne peste tresdangereuse, de se confier trop en son propre iugement & vaillantise, sans en faire part à ses officiers. Lesquels aussi il doit bié cognoistre, & poüuoir iuger de leur valeur, pour les entretenir en bonne haleine & bien affectionnez ; poinct non seulement necessaire, mais aussi tresessentiel pour le bon gouuernement. Et n'y a chose plus belle en vn capitaine, que de scauoir auec dexterité iuger de l'inclination & du naturel d'vn chascun des siens, & discerner quel sera plus propre pour cest, & quel pour vn autre exploict. Comme de fait on trouuera tel, qui sera propre pour prendre langue, qui toutesfois ne pourra seruir pour recognoistre vn lieu : & au contraire, tel qui propre à ceci, ne seruira toutesfois de rien pour prendre langue, tant pour la debilité de sa complexion, que pour plusieurs autres inconuenients dont cest office est accompagné, & que souuent il se faut tenir plus qu'vne nuict es ambusches. Aucuns reusciront milieurs, es courses & escarmouches, qu'es grosses batailles.*

Toutes lesquelles diuersitez doiuent estre remarquees, afin que le commandement se conformant au naturel du soldat, & officier, l'effect en sera plus facile, & l'operation plus parfaite.

Il y a tousiours, sans les officiers ordinaires, es compagnies, quelques vieux soldats, ou autres gens de bon esprit, ausquels il aduient souuent de dire quelque mot à propos, & donner occasion à y penser plus auant: dont les discours auec des tels, non seulement te pourroit ouurir les yeux, mais aussi te les rend plus affectionnez, & leur donne plus d'efficace pour l'execution de tes commandements.

A toutes ces diligences il y faut aussi adiouster celle cy, ascauoir de recognoistre les hommes de bien & vaillans, & les vils ou couards, pour accaresser ceux la, & les ayder ou auancer, comme ceux desquels on espere ayde & honneur en l'occurrence, & se depestrer de ceux cy, deuant d'en receuoir quelque lasche tour. Dont le capitaine s'acquerra tresgrand credit entre les siens : & l'occasion se presentant, ne doutera de s'auancer en tels exploicts, qui de prime face, le pourroyet faire soubçonner de trop grande audace.

Au contraire, il n'y a faute plus lourde, ou plus dangereuse en vn



---

*Notes marginales :*

*Officier de guerre se doibt proposir pour derniere fin l'honneur: & y aspirer aux plus hauts degrez.*

*Maxime generale, que sans danger on ne fait en guerre chose segnalee.*

*Chef de guerre ne se doit tant fier de son propre iugement, qu'il n'en face part à ses officiers.*

*Chef doit scauoir dextremēt iuger de l'habilité & inclination de ses soldats.*

*Chef de guerre discourra aucunefois auec des vieux soldats, ou gens d'esprit, & pourquoy.*

*Capitaine caressera & auãcera les bons soldats, & pourquoy.*

chef, que de se proposer certain terme ou degré d'honneur, en sorte qu'y estant paruenu, il ne pense ou pretende plus auant: Veu qu'vn tel ne faudra d'essayer tous les moyens, pour y paruenir bien tost. Et mesme s'y voyant mal propre, se fera neantmoins fort, de se maintenir en reputation, par le soustien de quelque officier de credit, ou par autres moyens, iusques à ce qu'il en vienne à bout. Et de là voit on quelques capitaines, qui pour quelques temps s'efforçans, mesme contre leur nature, deuiennent sur la fin lasches, & comme endormis, sans se soucier de leur charge, commandans, s'il y a quelque chose à commander, à la volee, sans ordre & discretion : Dont aussi ils perdent tout leur credit, & respect entre leurs soldats. Et ce tant plus facilement, que s'estans proposez autre fin que l'honneur ( qui ne peut estre autre, que quelque propre & particuliere vtilité) on les voit tombez en l'auarice, ou autres deffaits semblables, qui engendrent le mespris & iuste haine. Et quant à ce que ie dis de tels defauts, ie voudrois qu'il fut bien pesé d'vn capitaine : veu que sans cela toutes les diligences susdites, ne seront d'aucun profit.



Qu'il sache donc, qu'il n'y a chose qui luy engendre plus facilement vn mespris, entre ses soldats, que le soupçon de peu de liberalité, ou d'vne vilaine auarice : à laquelle le ieu, qui le peut pousser iusques à mettre la main sur les payements des soldats, ou faire autres laschetez, donne grande occasion. Au reste, au lieu de se vestir pompeusement, il se delecte de bonnes armes, & cheual, esquels souuent & l'honneur & la vie consistent.



Qu'il soit sobre & continent, en sorte, qu'outre ce qu'il euite tous despens superflus, il soit tousiours libre & prompt à procurer ce qui est de sa charge. Et,



ce qui plus importe, qu'il serue d'exemple à ses soldats, de ce qu'ils auront à faire, veu qu'ordinairement, tel qu'est le superieur, tels sont aussi les subiects. Dont s'il est addonné à luxure, yurongnerie & gourmandise, le soldat aussi ne s'en abstiendra, se persuadant, que ce seroit hors de toute raison, si on l'en voudroit reprendre ou chastier: Voire le chef mesme, retenu d'vne certaine accusation de sa conscience, n'aura la liberté requise en la reprehension.



En somme, & pour conclusion de toutes les qualitez requises en vn chef, qu'il y ait comme origine & fondement de toute perfection, la crainte de Dieu, se tenant non seulement à l'exterieur, mais aussi à l'interieur, tant que faire se peut irreprehensible : asseuré qu'il n'y a



chose plus contraire à la vraye vaillantise, qu'vne conscience troublee & entaschee. Car estant certain que nul mal ne demeure impuny; & tout homme estant ialoux de son salut; il n'y a point de faute, qu'aux dangers de la vie, se resentant des remords aussi de la conscience, l'apprehension & la frayeur s'en redoublant, oste tout le courage & valeur à la personne. Et ceste est la vraye voye selon laquelle,
après s'estre reformé soy-mesme, on peut aussi facilement
reformer les soldats, & les rendre prompts
& habiles à toute honorable
entreprise.

Сhap.

## Chap. II.

### *Du Commissaire general.*

LA charge du Commissaire general, est l'vne des plus belles, qui se  trouue en vne armee, à raison du total maniement qu'il a d'vn si noble membre d'icelle. Et combien que le General ou Lieutenant de la cauallerie luy commandent en plusieurs choses : toutesfois l'execution & le commandement sur les capitaines des compagnies particulieres, estant de sa charge : & estant celuy qui rend conte des succesz, c'est à bon droit, que quand on parle du chef de la cauallerie, on y entend ledit Commissaire.

Or cest office n'estant trop ancien, on en a disputé de peu d'annees en çà, quelle en estoit l'autorité & effect : aucuns voulans, qu'il seroit de Sergent maieur : combien que de fait il s'approche de plus pres de celuy de Maistre de camp : c'est à dire de la troisieme personne de la cauallerie. Et de ce que le nom ne luy a esté donné incontinent, la cause en peut estre, le respect qu'on auoit au Lieutenant : ne semblant chose decête de donner plus grand titre à vne charge qui estoit moindre : ou bien peut estre procedee de son origine & commencement,  qui fut deuant enuiron quarante ans, quand Don Ferrante Gonzaga estoit capitaine de l'Estat de Milan, auquel c'estoit vn office, dont dependoit le soin de loger les compagnies audit estat, en donnant les commissions par escript aux capitaines & cõmunes des villes, esquelles les dites compagnies doibuent estre logees ; dont il a receu le nom, d'estre appellé le Commissaire general de l'Estat.

Le dit Gonzaga ayant donné grand credit à vn certain Iean Bapti-  ste Croccian, dit le Romain, auquel il auoit recommandé le gouuernement de la cauallerie, entre autres charges non vsitees iusques alors en aucũ des Estats du Roy Catholique, il luy donna aussi celle de loger & desloger les compagnies ; dont luy demeura le titre de Commissaire general ; cõbien qu'en temps de paix cest office retournast sur le Commissaire d'Estat.

L'an 1583. y estant arriué pour General le Marquis de Pescara, personnage fort ieune, & qui s'appuyoit beaucoup aux conseils du dit Croccian, à raison de la bonne experiẽce qu'il s'estoit acquise au long exercice de ceste charge, & principalement pource qu'il n'auoit point de Lieutenant, luy adiousta, sans toutesfois changer le nom de Commissaire, beaucoup d'autorité, comme i'ay veu & leu en vne instruction à luy donnee, ascauoir, de commander aux capitaines, de nommer les places de monstre, de faire les billets pour accepter ou casser quelcun, voire (combien que le Veedores & Contadores Espagnols n'y voulussent consentir) de recercher & chasser des compagnies, qui n'auoit & cheual & armes & autres choses requises. En outre, en l'election & repartiment des quartiers, tout dependoit de son autorité.

A ce Romain succeda son nepueu Octauian Crocciã, qui ne retint  ne la compagnie, ne l'entiere autorité de son grand pere. Cestuy-ci vint en Flandre auec le Duc d'Alue, & au bout de quatre ans il fut r'enuoyé en Italie ou il mourut auec la mesme charge.

A 3

*Troisiesme cõmissaire.*

Apres fut esleu en Flandre Don Adrian de Gara Espagnol, lequel se laissa vsurper & emporter beaucoup de la premiere autorité.

*Quatriesme Commissaire.*

A cestuyci succeda le Medina, lequel trouuant que Don Bernardin de Mendoza, & Iean Baptista du Mont, capitaines, chascun d'vne compagnie, auoyent entre eux reparti la cauallerie, en sorte que l'vn commandoit à la nation Espagnole, & l'autre à l'Italienne, sans auoir esgard à l'autorité de sa charge, se laissa aussi commander d'eux : dont ladite charge perdit assez de sa reputation.

*Cinquiesme Commissaire.*

Audit Medina occis en vne chaussee sous la ville de Mastricht, succeda Antoine d'Oliuiera, lequel apres beaucoup de debats, la reduit 10 à la premiere autorité, ayãt obtenu du Duc de Parme, en lieu des lances, que le Romain auoit eues, vne compagnie d'arquebusiers ou cartabins.

*George Bassa, sixiesme Commissaire : & comment il entretint & accreut son autorité.*

Au dit Oliuiera, ie succeday, auec la mesme compagnie. Au commencement les capitaines firent l'aissay, de se soustraire de mon obeissance : mais en fin le Duc de Parme declara que le Commissaire seroit la troisiesme personne de la cauallerie; & qu'en absence du general & du lieutenãt, il eust à commander. Apres laquelle declaration, i'ay exercé ladite charge entiere par l'espace de treze ans, sans aucune cõtradiction, tant es guerres du Pays-bas, qu'en celles de France : & es qua- 20 tre annees dernieres, ne General ne Lieutenant y estants presens, principalement au second voyage que le Duc fit en France, postay les cõpagnies aux capitaines, fis emprisonner des officiers, & administrer la iustice aux soldats, non autrement que le General eust peu faire.

Mais si quelcun me dit, que le Maistre de Camp general de l'armee eslit & distribue les quartiers, y donne les ordres, & cõmande en choses semblables au Commissaire : Ie luy responds, qu'icy ie parle de la cauallerie à part soy, hors du reste de l'armee, en laquelle il est requis qu'il y ait office, qui dispose les membres, chascun en son lieu : Puis encor en cest endroit, il suffit au Commissaire, que luy estant assigné vn 30

*Commissaire general peut auec protestatiõ demander le changemẽt des lieux dangereux, au Maistre du camp, s'il se trouue auec lareste de l'armee.*

lieu, qui pour certains respects raisonnables, ne fut à son contentement, il en puisse auec protestation demander le changement audit Maistre de camp, comme celuy duquel on demanderoit compte de quelque mauuais succesz : Raison suffisante, & qui à bon droict deuoit deliurer le Commissaire des commandements mesmes du General, & beaucoup plus, de celuy du Lieutenant general.

Or puis que ceste charge est de si grande autorité & consequence, comme celle qui consiste au maniement d'vn si principal membre de l'armee, & si noble, les compagnies ne se donnant auiourd'huy qu'à grands & hauts personnages, desquels au voyage de France i'eu bon 40 nombre sous ma conduite : c'est vne chose asseuree, que si l'experien-

*Qualitez requises en vn Commissaire general.*

ce & autres bonnes qualitez sont requises en quelque chef, c'est en cestuyci qu'elles sont singulierement necessaires. Il faut que le Commissaire soit doué de grande prudence & dexterité ; qu'il soit fort retenu en ses passions, comme celuy qui doit commander à plusieurs diuerses nations, comme aussi à des chefs diuers, qui coustumieremẽt enflez de leur noblesse & puissance sont fort difficiles à conduire : dont il conuient cognoistre le naturel & les inclinations de tous, auec leurs

preten-

pretenſions, pour s'y accommoder aucunesfois, & donner contentement à tous, autant que poſſible : n'y ayant occaſion plus dangereuſe
pour en cauſer la haine & perſecution vniuerſelle, que de donner ſoupçon de quelque partialité. Parquoy eſtant vne choſe treſdifficile de
contenter touſiours chaſcun, principalemẽt au repartir des quartiers,
& de quelques exploits, il aura le ſoing de les tellement eſgaller, que
celuy qui l'vne fois auroit eu occaſion de ſe meſcontenter, eſtant recompenſé l'autre, cognoiſſe que l'action precedẽte ne procedoit d'aucune partialité, mais de neceſſité.

10 Il procurera & ſe delectera d'eſpier par perſonnes de credit, & non
ſuſpects d'adulation, en quel eſtime il eſt entre les ſiens : Ce qui ne ſe
pourroit faire plus propremẽt, qu'en faiſant approcher en ſecret quelque perſonnage fidele à vn corps de garde, où il n'y a choſe plus ordinaire, que pour aſſouir en partie les trauaux paſſez, ſe plaindre & meſ-
dire des officiers & ſuperieurs. Aduerty toutesfois que ce ſeroit vne
choſe indigne d'vn officier, ſi oyant quelque choſe qui ne luy pleuſt,
il en recercheroit l'opportunité de la vengeance.

Eſtant auſſi bien experimenté és couſtumes de la guerre, touſchant
le butin, ou autres affaires ſemblables, il pourra decider pluſieurs de-
20 bats, auec grand contentement des ſoldats, & notamment, s'il eſt pa-
cient pour eſcouter toutes les parties, ſans ſe laiſſer eſmouuoir par les
rapports des premiers querellants. Mais ſi la choſe fut importante, &
plus embrouillee qu'vne capacité ſoldateſque ne pourroit comprẽ-
dre, il la renuoyera à l'audience ordinaire, où eſtant examinee ſelon
les termes Iuridiques, il en fera rapport au General, y adiouſtant auſſi
ſon aduis auquel ordinairement le General ne contredit.

En apres, ſi le Commiſſaire ſe trouuant eſloigné du general, ou en
campagne auec quelque trouppe, y ſuruint telle faute, qui n'eſtant ſubitement chaſtiee, pourroit cauſer quelque plus grand danger : luy
30 ſuffira, ſi apres l'execution il en aduertiſſe ledit general.

De toutes leſquelles conſiderations, me ſemble qu'à iuſte raiſon ie
concluds, que ceſt office du Commiſſaire general, doit eſtre recommandé, non point au Lieutenant general, comme autresfois on a fait,
mais à vn capitaine des plus vieux, non pas d'aage, mais d'aſſiſtance au
maniement de la cauallerie. Auquel & l'experience ne peut falloir, &
le temps aura produit les affections à telle maturité, qu'elles n'excedent la mediocrité requiſe. Ioint qu'en l'election d'vn tel ſeront retranchees les pretentions de pluſieurs, principalement des grands, &
l'obeiſſance facilitee, nul ne pouuãt auec raiſon refuſer, ou auoir hon-
40 te d'obeir à perſonne qualifiee aut meſtier dont elle fait profeſſion : &
tant moins l'eſpoir en eſtant fait à chaſcun d'y paruenir auec le temps.

---

### Chap. III.

*Du capitaine d'vne compagnie particuliere.*

Les anciennes regles & preceptes neceſſaires, ont à preſent perdu
toute leur vigueur en ceſt endroit, dautant que de quelques ans en



---

*Marginal notes:*

*Commiſſaire general ne ſe doit monſtrer partial.*

*Procure de ſçauoir en quelle eſtime il eſt entre les ſiens, & pourquoy, & par quel moyẽ.*

*Le Commiſſaire decide pluſieurs debats au tour des butins & autres ſemblables affaires.*

*General ordinairement ne contredit à l'aduis du commiſſaire. Commiſſaire en quelle occaſion peut faire execution des peines capitales.*

*L'office de Commiſſaire general pourquoy à recommander à vn vieux capitaine.*

çà, le train de la cauallerie est accreu de telle reputation, qu'vne compagnie de cent cheuaux, est non seulement estimee charge honorable à grands cheualliers & Princes, mais aussi est par eux bien instam-
ment briguee.    Dont est venu que les compagnies sont conferees &
donnees par le chef souuerain de la guerre : côme nous voyons qu'en
Flandre, elles sont procurees & assignees, en la court d'Espagne. Et si
Fran. Ferrante d'Auales, Marquis de Pescara, estant general de la cauallerie legiere de Milan, auoit l'autorité d'assigner des compagnies,
c'estoit par vn priuilege particulier : Comme aussi le De Parme l'eut:
de sorte que quelques vnes escheurent à personnes priuées : mais signalees à cause de leur valeur & merite.    Mais de ceste coustume de
recommander les compagnies aux grands, la cauallerie en a receu
deux inconuenients. Le premier, que le gouuernement en est tombé
entre les mains des gens ieunes & peu expertes.    Le second, qu'on a
perdu beaucoup des bons soldats ; lesquels iugeans estre raisonnable,
qu'au defaut du capitaine d'vne compagnie, le Lieutenant, comme
seconde personne, & plus exercité en telle charge, & coustumieremét
plus experimenté, y succede, de sorte que tous, de degré en degré, a-
uec le temps y peuuent aspirer, & se voyant par ce moyen coupee toute l'esperance d'y paruenir, abandonnent le seruice.

Le capitaine a puissance absolue de choisir ou casser ses officiers,
comme le lieutenant, le porte enseigne ou Alfier, le furier, & autres
inferieurs, toutesfois auec le sceu du Commissaire. En quoy il ne faut
passer soubs silence l'abus d'autres officiers maieurs, voulans mettre la
main sur semblable election, si non en vigueur de leur autorité, pour
le moins par vne maniere d'intercession enuers vn capitaine, qui souuent est vne sorte de commandement couuert, assez dangereux, tant
pour ledit capitaine, que pour toute sa côpagnie, degoustée, en voyant
que pour vn nouice, plusieurs qui en meritent la place sont laissez en
arriere : Et combien qu'il soit de la compagnie mesme, le voyant auancé non par merite, mais par faueur.    Dont en resultent plusieurs inconuenients, entre lesquels cestuy ci est le plus grand, ascauoir, que si
celuy mesme qui ainsi est auancé, auoit esté autresfois repoussé, ou autrement n'estoit trop affectionné au capitaine, estant en charge (laquelle il cognoit auoir non pas de luy, mais d'vn autre plus grand) ne
faudra de se gaigner l'affection de quelques vns, & auec le temps, à
murmurer contre ledit capitaine, & monstrer qu'il n'en fait trop de
conte. Dont resultent des factions & seditions entre les soldats d'vne
mesme compagnie. De quoy il n'y a chose pire, & moins remediable.
De sorte que ce sera vne regle plus seure & plus honeste, que les officiers maieurs, laissent à leurs capitaines la libre election de leurs offices, comme ceux qui mieux cognoissent qui sont les plus courageux,
& dignes de leur suite.

## Chap. IV.

*Des officiers mineurs d'vne compagnie.*

PVis que l'election des officiers est en la puissance du capitaine : il
doit scauoir & remarquer, que c'est vne action la plus importante
qu'il

---

Marginal notes (in order of appearance):

*Chef souuerain de la guerre eslit les capitaines.*

*Inconuenients procedans de ce que les compagnies sont seulemét assignées à grands personnages.*

*Inconuenient tombät sur vn capitaine, mettant en office vn qu'il a autresfois reboussé.*

*Capitaine doit auoir la libre election de ses officiers.*

qu'il pourroit entreprendre, & le fondemẽt de toutes les autres: ceux
là resemblans les os qui souftiennent la chair en vn animal, ou les co-
lomnes, sur lesquelles vn grand & pesant edifice se repose. Et de fait, ce
n'est chose si facile, qu'aucuns pensent. Car il ne suffit pour auancer
quelqu'vn à vn office, de s'y seruir de la regle generale de l'experience, *Outre l'expe-riencei il y a en-cor quelques autres choses, requises pour estre preferé aux competi-teurs d'vn offi-ce.*
ascauoir que le plus viel en l'exercice militaire soit preferé : comme
aussi, ne de l'autre, ascauoir, qu'il les faut auancer de degré en degré,
en sorte que le plus vieil caporal succede au porte enseigne, & cestuyci au lieutenant : le but de l'election ne regardant pas ces choses seule-
10 ment exterieures, mais aussi quelques qualitez interieures, qui en diuers offices, sont diuersement requises, comme on voit, que tout soldat n'est propre pour chascun office. Et si de la il y en reussiroit quelque danger, que, comme il aduient souuent, quelques vieux soldats,
qui toutesfois ne valent gueres, ne pouuans supporter que des plus
ieunes leur sont preferez, se despiteroyent contre le capitaine, & mes- *Capitaine doit remedier en temps aux fa-ctions en sa cõ-pagnie.*
disans de luy tascheroyent d'attirer à leur party quelques vns des noui-
ces; le capitaine s'en apperceuant y donnera ou appliquera en temps le
remede requis.

De ceste regle s'ensuit aussi, que le cap'taine defaillant en vne com- *Lieutenant doit succeder au capitaine.*
20 pagnie, la succession en est deue au lieutenant : pource qu'ayant com-
me collegue gouuerné auec iceluy vne mesme compagnie, il n'y a nul
qui puisse approcher de plus pres à ses façons & coustumes, que ledit
lieutenant.

Le lieutenant donc est la seconde personne de la compagnie, & cõ- *Office du lieu-tenant quel il est.*
me tel il porte non seulement vne bonne partie de la charge, mais aus-
si en absence du capitaine la reçoit toute sur soy. Et bien souuent encor, en la presence du dit capitaine, comme il aduient és compagnies
des grands, qui d'ordinaire ne se soucient trop du gouuernement po- * *Qualitez re-quises en vn lieutenant.*
litique. Il faut donques qu'il soit homme de qualité, & comme vn se-
30 cond capitaine, en autorité & credit aupres des soldats, à cause de sa
valeur & grauité en ses commandemens, en quoy l'aage aucunemẽt
meur l'aydera & le recommandera beaucoup.

Au contraire au porte-enseigne est requise certaine grandeur d'e- *Qualitez du porte-enseigne.*
sprit, & desir de gloire, comme celuy qui y doit eschauffer & condui-
re les autres. C'est pourquoy on l'aime quelque peu plus ieune. Lequel aage coustumierement est accompagné d'vne liberalité, tant ay-
mee des soldats, qui aussi ne s'accostant de si grande affection à autres
officiers, qu'à cestuyci. Cependãt il faut tenir le moyen en toutes cho-
ses, & bien peser la grandeur de sa charge. Car ce n'est peu de chose de *Le porte-ensei-gne met les corps de garde & garnisons: mais le lieute-nant les met en campagne.*
40 l'estendart, qui luy est recommandé, ne legiere de mettre les corps-de
garde, quand il sera en garnison, ou logé en son quartier : veu qu'en
campagne, le lieutenant en a la charge. Pour le present les estendarts
& bannieres tombent d'ordinaire entre les mains des ieunes gentils-
hommes, & souuent pour les premieres armes qu'ils empoignent en
la guerre.

Le furier est tenu d'aucuns pour vn office vil, & ce d'autant qu'il *L'office du fur-rier n'est pas vil.*
peut estre administré de toutes sortes des soldats. Mais certes ils n'en-
tendent pas bien l'affaire, ne ce qui est requis pour telle charge. Car

*Il prend le mot du guet.*

*Discretion requise.*

*Repartit les quartiers.*

c'est cestuyci qui prend le mot du guet, lequel ne se donne pas tousiours par escript. Il faut qu'il soit personne discrete, pour comprendre bien les choses, & les referer sans erreur: poinct qui est de grande importance. Quelle dexterité soit requise au repartiment des quartiers, se dira en son lieu. Et icy me contenteray de seulement remonstrer, quels estrifs & scandales se pourroyent excuser, si, comme on faisoit du temps passé en ces pays, le furier fut ordonné à faire les payements aux soldats, qui maintenant sont renuoyez aut lieutenant, lequel bien souuent ne donne tel contentement aux soldats qu'il seroit bien requis: se trouuans entre les soldats, plusieurs qui sont fort fascheux & 10 importuns, voulans auoir tousiours leurs comptes veus & reueus auec

*Le Furier pouuoit mieux faire les payemens que le lieutenant.*

plusieurs repliques. Chose qui se feroit plus librement & auec moins de chagrin aupres du furier, que du lieutenant, qui se deuoit contenter de donner ordre audit furier, comment les payements deuoyent estre faits.

Du trompette encor il y a aussi grand abus, en ce qu'on est persuadé, que chascun valet d'estable, en pouuant touscher & sonner quelque

*Un trompette ne doit pas seulement scauoir donner les signes: mais faire & rapporter des ambassades à l'ennemy.*

peu, en soit suffisant: Argument trescertain d'auarice, ou d'vne lourde ignorance des capitaines. Ie me tairay icy de l'ornement qu'vn bon trompette donne à vne compagnie; veu que le principal de son office 20 ne consiste pas en cecy, comme aucuns pensent: mais estant l'ordinaire, d'enuoyer des ambassades à l'ennemy par vn trompette, qui est celuy qui ne scait, que pour les accomplir comme il appartient, il y faut vne singuliere prudence & dexterité? Et au contraire, l'ennemy s'apperceuant par la maniere de l'execution de l'ambassade, de la lourdise ou simplicité d'iceluy, ne s'en pourroit il seruir comme d'vn espion luy tirant les vers du nez, comme aucunesfois il est aduenu? On a autresfois eu des trompettes si adroits, qu'outre l'execution de ce qui leur estoit imposé, ils ont sceu tirer de la bouche de l'ennemy des choses de tresgrande importance, ont sceu noter & referer les qualitez de 30 vne defense, d'vn fossé, & autres telles particularitez, qui à grande peine se pouuoyent auoir.

*Le Trompette a la notte des gardes & les denonce.*

*Ne doit pas tousiours reserver les murmures qu'il oit sur cest affaire.*

*Comment on souloit entretenir deux Trompettes, l'vn du capitaine, & l'autre du porte-enseigne.*

C'est aussi du deuoir du trompette d'auoir le roole des gardes, & de les aller denoncer. Chose qui a bien quelque peu de l'odieux, si elle n'est faite auec bonne grace, s'y rencontrant des murmures & parolles malplaisantes; lesquelles toutesfois pour euiter autres inconuenies ne doiuent pas estre referees au capitaine, ou autres qui en auroyent donné les ordres. On souloit iadis entretenir deux trompettes, l'vn aupres du capitaine, & l'autre aupres du porte-enseigne, lesquels, quand il n'y auoit personne estrangere, s'asseoyët à leur table: chose qui en fit 40 cercher de meilleurs, lesquels aussi on trouuoit, propres pour executer toutes semblables charges.

*Chefs des esquadrons en vne compagnie.*

Il y a encor d'autres offices necessaires en vne compagnie, comme les chefs des esquadrons, & le mareschal, ceux la si cognus, & cestuyci tant necessaire, que ce seroit chose superflue d'en tenir trop longs propos. Et certes celuy qui ne tasche sans espargner aucuns despens

*Mareschal excellent requis en vne compagnie.*

de se pouruoir d'vn mareschal excellent, ne scait que c'est du mestier des armes à cheual: & ne considere qu'au cheual achepté à si
grand

grand prix, & entretenu à grands frais, confiste bien fouuent & l'honneur & la vie du foldat : ne auffi à combien de maladies il eft expofé,
pour eftre fubiect à l'homme, de manger ou boire, de trauailler ou repofer, quand bon luy femble. Vne feule clouture, fi on ne luy donne
du temps pour fe repofer, & ne le garde de l'eau, eft baftante pour le
gafter. Et combien plus vn refchauffement de trop grand labeur, &
autres excefz accouftumez en cefte cauallerie? Il y faut donc auoir
vn marefchal expert & fuffifant : & que le capitaine luy face quelque
auantage, pour l'entretenir auec contentement, comme perfonne
10 importante, pour maintenir la compagnie en pied & bon ordre.

## Chap. V.
### Du Capitaine de campagne.

L E capitaine de campagne en ces pays bas eft celuy qu'en Italie eft   *Capitaine de*
dit Il Barigello, & en Allemagne Der Profoß, office d'autant d'im-   *campagne &*
portance en vn camp, que la iuftice, l'abondance des viures, bon nõ-   *fon office.*
bre de payfans pour s'en feruir de guides, la franchife de la campagne
des voleurs & larrons, pour l'affeurance des viuandiers : de purger l'armee de vagabonds : d'auoir l'œil ouuert à ce que les loix, ordres, &
20 rangs foyẽt obferuez, veu qu'on en auroit peu de profit de les publier,
s'il n'y auoit qui les fit obferuer. C'eft de fa charge de procurer de fca-
uoir à quel prix les marchands acheptent & conduifent au camp leurs
marchandifes, fi elles font bonnes ou mauuaifes, pour en aduertir le
commiffaire, qui y met le prix en forte, que le foldat & le marchand fe
puiffent tenir enfemble. C'eft à luy, afin qu'il n'y ait de la fraude, d'a-   *Capitaine de*
uoir bon efgard aux pois & aux mefures, tenant pour ceft effect touf-   *campagne au-*
iours vn de fes feruiteurs au marché, lequel auffi pourra beaucoup fai-   *ra toufiours vn*
re pour l'affopiffement des bruits & violences, qui furuiennent fou-   *de fes ferui-*
uent entre ceux qui vendent & qui acheptent.   *teurs au mar-*
  *ché.*

30    Il a auffi le foing du bagage tant au loger, qu'au marcher, comme
nous dirons en fon lieu. Dont il luy faut plufieurs feruiteurs & aydes:
ioint que quant à luy mefme, il faut qu'il foit vne perfonne aduifee, ac-
corte, & baftante aux labeurs. Et eftant l'office fort odieux, il y faut v-
fer de grande difcretion, de bien diftinguer les perfonnes, & fes pro-   *Chifs de guerre*
cedures; fans toutesfois fe laiffer mefprifer, ou fouler aux pieds de qui-   *ne diffimuleröt*
conque que ce foit : non pas qu'il s'en venge luy mefme, mais en face   *les iniures fai-*
le rapport aux fuperieurs; lefquels en nulle maniere ne permettront   *tes au capitai-*
que les iniures à luy faites foyent impunies.   *ne de campa-*
  *gne.*

   Sur toutes chofes, qu'il ne laiffe iamais fon bafton, figne de regimẽt   *Capitaine de*
40 & de iuftice, pour mettre la main à l'efpee, veu qu'alors fans aucune   *campagne ne*
crainte de punition il pourroit eftre occis.   *laiffe iamais*
  *fon bafton, pour*
  *mettre la main*
   Et cecy fuffira quant aux officiers, defquels on trouuera encor au-   *à l'efpee.*
tres chofes efparfes çà & là, és liures fuiuants, lefquels pour euiter la
fafcherie des repetitions, nous laiffons aux difcours de leurs propres
matieres.

   Venons maintenant aux foldats, confiderans l'origine de leur corruption, le moyen de la correction & reformation, & finalement la
qualité tant des perfonnes, que des armes requifes.

## CHAP. VI.

### *De l'origine de la corruption de la cauallerie.*

ENtre les estranges fantasies & chymeres formees de ces auteurs &
escriuains contemplatifs, qui conferans les temps anciens auec
les modernes, louent ceux qu'ils ne virent iamais, & blasment ceux
qu'ils ne cognurent onques assez, celles sont bien plus estranges, qui
se font autour de la discipline militaire : le chef de laquelle consistant
en l'experience, il est impossible, qu'vn ignorant, & inexpert, y puisse penetrer iusques à sa premiere origine & fondement.

Aucuns disent que les commoditez & relasches, qui se donnent
aux soldats corrumpent la bonne discipline : dont quelques armees
trescorrumpues ont esté reformees par des bons & grands capitaines,
en leur ostant plusieurs commoditez & redoublant les labeurs. Mais
quant à moy, il me semble plustost que les commoditez ostees, & les
trauaux accreus, ont esté la premiere origine de toute la corruption
de la cauallerie en ces Pays-bas.

Or en ceste matiere il faut considerer, que la fin d'vn soldat, comme de tout homme, peut estre ou l'vtilité, ou l'honneur, ou tous deux
ensemble. Que ce soit l'honneur seul, c'est follie d'y penser : de ce que
nous voyons des grands personnages, qui soubs titre des auenturiers
peschant apres des charges & offices, peu apres viennent mendier les
recompenses. Combien sera il donc plus conuenable à vne personne priuee & de peu de moyens, de cercher de s'accommoder de quelque chose, pour sa vieillesse ?

L'honneste vtilité & commodité du soldat, peut estre ordinaire,
comme la soulde, qui est vne vtilité simple, ou extraordinaire, comme le præme, c'est à dire, la recompense de ses prouesses, qui est vne vtilité, non simple, mais conioincte auec l'honneur.

Les Romains tiroyent de leur milice beaucoups plus de commoditez & profits que nos soldats, durants mesmes les trois cents & quarante sept ans apres l'edification de la ville, qu'ils seruoyent sans soulde, subministrants à leurs soldats toutes les choses necessaires du pu-
blicq, & leur donnant part & aux butins & aux charges & offices. Depuis, auec le changement du temps ils vindrent à seruir pour vn gage
mediocre, ascauoir à deux oboles au pieton, quatre au chef de cent,
& six, qui faisoyent vn denier, reuenant à la valeur d'vn real, à vn homme à cheual, par iour. Ils auoyent aussi, & ce par longue espace de
temps, si nous croyons à Polybe, le froment & l'orge donné, les armes
prestees du public, & les cheuaux & tentes de mesme : ioint que tous
estoyent de telle qualité, qu'estans en leurs maisons, ils pouuoyent viure du leur, sans aucune necessité de gages, ou d'exercer quelque mestiers : & les cheualliers estoyent mesme de l'ordre des senateurs. Ils
tiroyent aussi cest honneur de leur milice, que c'estoit le seul & vnique
moyen de paruenir à l'administration de la republique. Ils auoyent
tousiours quelque part des butins, que toutes les annees se faisoyent
bien grands & riches. Les champagnes & terres ostees aux ennemis
en cha-

en chaſtiant, eſtoyent diuiſees entr'eux. Tous leſquels auantages &
gaings s'accroiſſans touſiours auec l'accroiſſemēt de la republique, ce
n'eſtoit grand choſe que le froment & l'orge ne fut mis en compte de
leur payement, ains à treſ-vil prix ſe diſtribuoit d'vn ſenateur, qui nō
pas pour y gaigner, mais pour s'acquerir gloire, pouruoyoit aux auantages des ſoldats.

Puis du temps de Empereurs, les prix de toutes choſes eſtans montez, leurs gages auſſi furent accreus. Ceſar les redoubla : & les autres
ſuyuans les auancerent iuſques à vn denier par iour au pieton, deux au
10 centurion, & trois au cheuallier. Et que ces ſouldes & commoditez
ayent eſté baſtantes, meſmes abondantes, voit on de ce, qu'à chaſque
mois ils depoſoyent vne partie d'icelles, aupres des enſeignes, leſquels
deſpots, eſtant retournez à la maiſon, leur eſtoyent fidellement reſti-
tuez.

Et quant à l'vtilité honorable : les præmes ou recompenſes de quelques faits ſignalez, leur eſtoyent treſcertains, de ſorte qu'vn tel fait
de proueſſe eſtoit ainſi recompenſé publiquement, auec grandes lou-
anges. Eux auſſi eſtoyent certains qu'apres vn tel fait, outre la recom-
penſe, ils ſeroyent esleuez à tel degré d'honneur & office ; en ſorte
20 que ſi le tribun en l'election les euſt paſſé ; ils recouroyent au conſul,
chez lequel ils trouuoyent tout mis per eſcript.

Qu'on me donne maintenant vne telle armee, ſi bien fournie de
tant de commoditez, ie vous promets, pour corrompue qu'elle ſoit,
de la rendre bien diſciplinee. Mais ie n'oſeroy promettre, (& eſt impoſſible qu'aucun le face) de maintenir en bonne diſcipline & bien
reglé, vn camp priué de ſes commoditez, comme il en eſt de la cauallerie de ces Pays-bas. Car ſi on conſidere l'vtilité & profit ordinaire,
vn homme à cheuail n'a que ſept Philippethalers, ou ſeptante reals par
mois : & ceux-là ſouuent, il ne les reçoit, qu'apres auoir ſerui pluſieurs
30 mois. Et encor qu'il les receuſt contans, ſi eſt il impoſſible, qu'il en
puiſſe ſuſtenter, ſoy, ſon valet, & deux cheuaux, qui en pouuoyent
aucunement viure au commencement, quand ceſte ſoulde fut faite.
Et du reſte, d'où prendra il les veſtements ? d'où eſpargnera il autant
qu'au defaut du premier cheual, il en puiſſe achepter vn autre ? Ioint
que la où du paſſé, vn ſoldat ſe pouuoit bien equipper auec vingt ou
vingt & cinq thalers, à peine le fera-il maintenant, que le prix de toutes choſes eſt monté au triple, auec cinquante ou ſoixante. On me dira, peut-eſtre, que tous ces defauts ſe pourront complir par trois ou
quatre eſcus qui pour le plus ſont auancez par deſſus toute la ſoulde à
40 quelques vns, qui ſont en petit nombre : ou me demandera, s'il n'y a
autre moyen de ſe redreſſer & franchir ces maux par le moyen de la
vaillantiſe ? Certes que non : veu qu'il n'y a eſpoir de paruenir meſme à vn moindre capitanat, depuis qu'on a commencé de les donner
par faueur, aux grands, & peu experts du meſtier. Et ſi aucuneſfois
vn ſoldat priué en eſt pouruck, il faut que les merites en ſoyent plus
que grands : & auec cecy, la premiere compagnie qui ſe reformera,
ſera la ſienne. Ioint qu'on voit, que tel capitaine laſſé de conduire
l'infanterie, eſt proueu d'vne compagnie de cauallerie, comme s'il n'y

*Neceſſité & miſere des ſoldats de noſtre temps.*

auoit de difference du maniement de l'vne à l'autre. Toutes lesquelles choses reuiennent à la corruption & perte de ceste discipline: pource que les esprits plus nobles & courageux, voyans que le chemin des honneurs leur est couppé, se desgoustent du seruice: & les gens de bien, entendant qu'ils ne se peuuent entretenir sans desrobber, quittent le mestier. Et ceux qui y demeurent, s'y addonnent tellement aux larrecins, qu'auec l'extreme ruine de la discipline, ne leur demeure rien que le nom de soldats. Et quant au desrobber, qui est-ce qui le leur defendra, si la necessité qui n'a point de loy les y contraint? qui les chastiera sans donner euidente occasion à mutinerie? & de 10 dissimuler, n'est-ce point leur en donner vne licence couuerte? A l'augmentation de ce mal, n'a esté la moindre occasion l'incommodité, de faire hyuerner vne bonne partie de la caualierie en campagne, à faute des villages, pour le grand nombre d'icelle. Et de là s'en sont allez, sans aucune crainte, en grosses trouppes aux recerches, ou hazards, qu'ils disent, aller à la piccoree, pour y donner le nom quelque peu plus honneste: où ils ne se contentent de ce qui leur pourroit suffire; ains elargissans de plus en plus la conscience, ils vont de mal en pire. De là vient aussi que les compagnies sont tant chargees de femmes & enfans, & de tant de bagage, n'ayans lieu certain & asseuré 20 pour les y laisser. De là, la destruction des cheuaux, non seulement pour estre logez à descouuert par les pluyes & glaços, mais aussi par les courses continuelles à la proye. De là, le degast du pays; iusques aux feux, tant s'auancent les consciences infectes; les remords desquelles en apres aux dangers redoublent la crainte; les courages sont troublez par les pensees des femmes, enfans, & du bagage, en sorte qu'ils ne s'en peuuent rauoir es occasions des exploicts, principalement s'ils sont repentans; tant s'est enuily leur esprit. Et de fait on ne voit non plus de soldats, qui auec instance demandent permission d'aller cercher l'ennemy. Et y auroit il encor quelque tempe- 30 ramment de ce malheur, si les capitaines n'estoyent entaschez de la mesme poix.

*Cauallerie legiere à conseruer auec grand respect.*

Iusques au temps du Duc d'Alue, qui sembloit vouloir donner forme & regle à ces desordres, la Cauallerie commençoit à diminuer beaucoup: par ce que s'en voulant seruir, indifferemment, & employer la legiere aux offices de la graue; & au contraire, la pluspart de la noblesse n'en pouuant endurer tant de charge, ne se maintenir des cheuaux, s'en retira.

Et de fait, on a veu que les generaux voulans trop trauailler l'armee, & hors de saison, ont donné grande occasion à la ruine des sol- 40 dats, tout ainsi qu'vn bon cheual se gaste par trop de labeur. Demeure donques veritable & asseuré, que beaucoup de peine, & peu de commoditez donnees aux soldats, corrompent la bonne discipline: Et non le contraire comme aucuns pretendent.

CHAP.

## CHAP. VII.

### De la correction & reformation de la Caualerie.

C'Est donc chose plus claire que la lumiere du Soleil , que le chef
de guerre, & ceux de son conseil, sont en tresgrand erreur , s'ils
pensent d'auancer en amoindrissant les souldes. Plustost deuroyent
ils imiter les Romains en ce qu'ils ont eu de louable , & auoir esgard
10 aux changements des temps , esquels le prix des choses necessaires
est aussi changé, & accommoder le soldat en sorte , qu'il ne tombast
en necessité , qui chasse l'obeissance , & oste la discipline. Que les
officiers examinent leurs forces; & s'il faut diminuer , que cela se face plustost au nombre des soldats, qu'es commoditez necessaires : e-
stant vne chose certaine que la valeur & discipline des soldats , est de
plus grand effect es exploits de la guerre, que le nombre.

Vaudroit doncques beaucoup mieux de reformer tant des compagnies , qu'on tient en ces Pays-bas mal payees , & pis accommo-
dees , à vn certain nombre, auquel la contribution du pays, & les vil-
20 lages pour y hyuerner auec femmes , enfans & le bagage, seroyent
suffisantes : là où pour le present , on enuoye ou laisse aller les soldats à l'abandon , par l'vn & l'autre village , auec tous les susdits inconueniens. Conseil non seulement appuyé sur l'aduis & autorité
des grands Capitaines , comme fut le Duc d'Alue ; mais aussi qui e-
stant bien balancé des Princes , ne sera reputé odieux , pource qu'il
met la main quelque peu plus auant en leur bourse , mais digne de
louange, comme celuy qui auec peu de despens d'auantage, pour le
bien public, leur acquiert bonne discipline & valeur , & rachepte les
prouinces d'vn continuel degast.

30 Et en ceste maniere, ne sera difficile de gouuerner des gens , qui
n'auront aucun pretexte de malfaire , de maintenir des bonnes loix:
&, ce qui importe le plus, on pourra procurer la deue obeissance,
sans pardonner à aucun soubs quelconque protestation : car autrement on acquerroit le nom de partial , & la haine des soldats, chose
tant plus dangereuse, que l'officier sera plus grand , & de commandement sur plus de diuerses nations , outre ce, qu'on donneroit l'occasion & mauuais exemple aux autres.

Les loix ou articles qu'on leur proposera , doyuent comprendre
toutes les choses qui concernent la discipline militaire , ainsi qu'elles
40 sont traictees d'autres assez au long. Mais nous, presupposant icy les
bonnes ordonnances autour du culte & seruice diuin, comme, d'a-
uoir tousiours vn chappellan à la main ; de chastier seuerement les
blasphemes; de defendre le ieu, & tous les incitaments à iceluy, comme vne occasion de dissipation de l'argent, & origine de plusieurs debats & querelles ; & autres semblables , concernantes les bonnes
mœurs; n'en toucherons que seulement quelques vnes des plus particulieres & necessaires, pour ceste Caualerie.

I. Que nul Capitaine ne reçoiue aucun soldat d'autre compa-



---

*Marginal notes:*

*Le soldat bien payé se peut tenir en bonne discipline par seuerité.*

*Les loix militaires à publier & obseruer entre la caualerie legiere.*

gnie sans licence, sous griefue punition. Ne puisse creer nouueaux officiers, sans en faire part à son general, afin qu'il cognoisse & remarque la qualité de la personne. Et d'autant qu'il s'y trouue des vieux soldats, qui pressez de vieillesse ne peuuent plus supporter les labeurs: tels seront ostez des compagnies, & renuoyez aux chasteaux, ou seront pourueus de quelque place morte, tant pour donner courage aux autres pour suyure les armes tant qu'ils pourront; que pour donner lieu à ceux qui seront plus propres pour executer les commandemens du Prince.

II. Que pour euiter le trop grand bagage, qui retarde beaucoup le mouuement de la cauallerie: personne ne puisse conduire femme en campagne. Que nul soldat puisse auoir plus qu'vn cheual de seruice pour son bagage: & si par auenture à personne de qualité, il en faudroit conceder dauantage, que le capitaine n'y puisse dispenser, sans le seu du Commissaire general, lequel en tiendra registre particulier. Et que nul officier ne puisse auoir chariot en campagne, excepté le capitaine, qui n'en aura non plus qu'vn.

III. Qu'on establisse des premes ou recompenses honorables aux braues soldats, comme aussi des chastimens aux lasches: En particulier autour de la suitte de l'estendart, & obeissance aux signes de la trompette: comme aussi que ceux qui auront abandonné l'estendart, entre tant qu'il aura esté esleué, soit puny de mort: Et es escarmouches & autres exploits de guerre, quand on sonne la retraicte, celuy qui ne se retire incontinent, soit puny de peine arbitraire. Aussi que le Capitaine mesme, toutes les fois que l'estendart entre au corps-degarde, en quelque lieu que ce soit, soit obligé d'y entrer quant & quât, sans aucune excuse.

IV. Pour empescher que les soldats ne soyent vagants çà & là, & tenir les compagnies promptes à toutes occasions, les officiers seront obligez de se tenir en compagnies, & de ne s'en absenter sans licence du superieur. Et si aucun soldat en sortira sans son congé, qu'il soit puny en la vie.

V. Estant chose de grand contentement pour les soldats, qu'il y ait bon ordre au butin, afin que chascun en puisse iouyr: On ordonnera que tous les butins, exceptez ceux du iour de bataille, soyent repartis entre tous ceux qui s'y sont trouuez en la conqueste: recognoissant toutesfois auec quelque auantage ceux, qui y auront esté les plus signalez, tant à l'attaque, qu'en la suitte de la victoire: restaurant aussi les pertes des cheuaux morts, ou stropiez, & des soldats blessez. Et afin qu'il n'y ait point de fraude, & que personne n'en tire secretement sa piece; le surpris sera puny de mort; & le soldat de la compagnie qui le sachant, ne l'aura descouuert, perdra sa part, qui dudit butin luy pouuoit venir.

VI. Dautant que dés certain temps en çà on a veu plusieurs mutineries, par cy deuant non accoustumees en la cauallerie: Quiconque en sera surpris en aucune, sera publié infame, & son nom enuoyé par toutes les prouinces suiettes à S. M. auec vn ban perpetuel.

VII. Toutes lesquelles choses, afin qu'elles soyent bien obseruees, il con-

il conuient de bien establir l'autorité tant aux capitaines & officiers
particuliers, qu'au Capitaine de campagne. Et pourtant il faut donner ordre, que le soldat, auquel le capitaine ou autre officier commande d'aller en prison, obeïsse incontinent, soubs peine d'estre fait
infame. Et pour la reputation de ces officiers, le capitaine de campagne n'entrera es quartiers de quelque compagnie, pour y faire recerche ou prise de quelque malfaiteur, sans leur sceu. Et d'autre part eux
seront obligez de luy liurer les malfaiteurs: ou autrement ils en auront
à rendre conte.

## Chap. VIII.

### *De la qualité du soldat, de ses armes & cheual.*

Reseruant pour vn autre lieu l'origine de diuerses especes de cauallerie, ie dis que chascune ayant au combat, ou autres vsages de
la guerre, certaine fin particuliere, requiert aussi necessairement certaine diuersité, & de personne & d'armes & de cheual, de sorte que ce
qui se peut admettre en l'vne, ne sera pourtant concedee en l'autre.
Et pour briefuement despescher ceste matiere: l'arquebusier ou cara-
bin, trouué en Piemont pour surprendre & faire desloger des compagnies les cheuaux ennemis de ses villages & contours; combien qu'v-
ne bonne partie de ses exploits sont executez à pied, comme de prendre ou defendre quelque passage: si est-ce que plusieurs autres requierent grande vitesse & velocité, comme de secourir quelque place, de
faire vne course, de poursuyure le fuyart, & autres semblables. Sera
donques armé, d'vne espee courte, & arquebus, long pour le moins de
trois pieds, tirant vne once de balle de plomb. En lieu du flasque, il
aura vn estuy de cuir, lié à la cuisse droite, auec douze patrons chargez & ayants la balle liée au bout: & autre tel estuy, auec six patrons
de mesme attaché à l'arçon: & la clef luy seruira aussi de petit flas-
quet pour le puluerin ou allumette. Et de ceste sorte il sera plus ha-
bile, pour mettre pied à terre, & passer par les buissons sans s'entortil-
ler des cordages, & plus adroit pour manier l'arquebus, & se retourner vers le corps des lances ou autres armes qui le soustiennent. Il luy
faut bien estroictement defendre, qu'il ne vienne, comme corps des-
armé, iamais à l'espee, si ce n'est qu'autrement il ne se puisse defendre,
ou qu'il poursuye l'ennemy. Aucuns l'arment d'vn haubergeois &
d'vn morion, pour pouuoir attendre le rencontre d'vne lance & soustenir le coup d'vn pistol: mais il me semble que ceux-là confondent
les offices, voire les corrumpent, cerchants en vn seul tant de serui-
ces, sans regarder, qu'ils le priuent de la dexterité requise, principalement, de subit recharger, de mettre pied à terre & remonter, & de faire les courses. Toutesfois il est vray, que se trouuant seul en garnison auec cent arquebusiers, il ne seroit mal d'en armer iusques a quarante, en telle sorte qu'ils peussent faire vn corps pour soustenir le reste & le couurir cependant qu'il recharge ses arquebus.

B 3

*Arquebusier doit auoir bon cheual, & pourquoy.*

Quant au cheual, il y en a qui ne veulēt qu'il soit de prix, pource que craignant de le perdre, il ne seroit si volontaire à mettre le pied à terre. Raison assez friuole, & qui presuppose qu'on admet au seruice des personnes plus curieuses de l'interest que de l'honneur. Et qui est celuy qui ne sçait, que deuant seruir d'auantcoureurs, & pour prendre langue, ils feront plus grand seruice, & de meilleur courage se trouuans bien à cheual, que mal montez ? Il faut sans doute aucune s'asseurer qu'vne bonne partie du seruice de la cauallerie, consiste en la bonté du cheual, dont aussi il en faut auoir grand soing : Et le bon soldat, espargnant tant en ses viures qu'en les vestements, pour estre bien monté, s'apperceura és occasions, de combien des dangers de la vie il sera eschappé, & en quelles commoditez de s'acquerir honneur, il se trouuera par le moyen d'vn bon cheual.

*Arquebusier doit estre ieune & robuste. Vvallons & Bourgongnons bons arquebusiers.*

De toutes ces choses ie concluds, que la principale qualité d'vn arquebusier à cheual est, d'estre ieune & robuste, la maniere de sa procedure consistant en dexterité & habilité. Dont les Wallons & Bourgongnons reussissent coustumierement beaucoup meilleurs en ceste sorte d'armes, que l'Espagnol ou Italien. Pource que ceux-ci estimans plus l'infanterie, employent en icelle leur noblesse. Et si aucuns d'iceux sont montez à cheual, ce n'a esté pour autre raison, que se trouuans las à pied, ou ils ne se sont peu auancer, il leur semble que c'est se reposer, estant à cheual & sans trop grande pesanteur d'armes. Chose qui plus qu'à aucune autre nation est succedee aux Italiens, depuis qu'on a commencé d'en leuer des trouppes entieres en ces pays. Mais les Bourgongnons & Wallons sont admis de la premiere leuee aux compagnies & à ceste sorte d'armes, dont ordinairement on les voit ieunes, & entre eux vne bonne part de noblesse.

*La lance, ses effects, & choses requises.*

La lance inuentee pour percer & diuiser vn esquadron, demande velocité & force pour le choc. Elle doit auoir des meilleurs cheuaux, qu'on dit, de prix. Cependant que la soulde estoit suffisante pour entretenir vn cheual honorable, elle estoit pour la plus part entre les mains de la noblesse, auec grande reputation : mais estant depuis tombee entre gens de petite qualité, trauaillez & harracez : elle a perdu beaucoup, non seulement en la qualité du cheual, mais aussi es armures ; ayant laissé non seulement les genouilleres, mais aussi les tassettes ; qui pour nulle raison ne deuoyent estre omises : veu que c'est là que tombent plus de coups, & mesmes ceux du pistol, qui y sont mortels.

*L'espee du lancier.*

Son espee sera ne trop large ne estroicte, & en longueur quelque peu moindre de la mesure d'Espagne, auec la poincte plustost ronde & trenchante, qu'autrement, veu qu'elle passe mieux les corselets de buffle ou de chamois, principalement donnant d'estoc. Il la tiendra liée à la cuisse, auec vne ceinture, afin qu'elle ne sautelle & sorte de sa gaine, en courant, & qu'en y mettant la main, elle ne se puisse reculer en arriere. Or y ayant mis la main pour blesser l'ennemy, la part qu'il verra descouuerte, qu'il soit aduerti ne le faire auec le mouuement du bras,

*Lancier comment il vsera de son espee.*

comme on fait estant à pied ; pource que la distance le pourroit tromper, principalement se trouuant auec la visiere serrée : mais pour ne point faillir, qu'il prenne la visiere auec la poincte de son espee, comme on

me on fait, quand on veut donner vn coup de lance, & se courbant a-
pres, (car il faut que l'espee soit soustenue du poulce afin que donnant
en autre lieu elle ne s'en alle en pieces ) la poincte accompagnee de la
veue de l'œil, il donne les esperons au cheual contre l'ennemy, ou il
sera tousiours le coup plus iuste, & auec plus de force, que s'il leuoit ou
mouuoit le bras. Et s'il veut blesser le cheual, qu'il soit aduerti de faire *Comment il faut asseurer les coups es cheuaux ennemis.*
la playe, en sorte que le sang n'en pouuant sortir, le cheual en demeure
du tout immobile. Maniere de blesser vsitée du Capitaine Demetre,
mon pere, qui es guerres de Piemont y auoit tellement exercé ses sol-
10 dats, qui aussi tost qu'ils se mesloyent auec l'ennemy, ils y faisoyent de
tresgrands dommages es cheuaux.

Puis la lance, (arme qui pour estre bien employée requiert non peu *Commēt il faut mettre la lance en arrest.*
d'exercice & maistrise ) trauersant le col du cheual, va par l'aureille
senestre rencontrer, non pas le cheuallier, trop bien couuert pour le
present, mais le cheual : non pas au front, pource qu'il y feroit peu de
dommage, mais en l'espaule senestre, ou la playe le peut asseurement
atterrer. Et de fait c'est le propre de la lance de donner par le flanc, & *Principal auātage de la lance pour faire son effect. Arquebusier commēt il fait le coup.*
sa premiere intention de gaigner le costé senestre de l'ennemy. De
mesme en fait aussi l'arquebusier croisant ses tirs au col du cheual vers
20 la senestre : le tout au contraire du pistol, & de la lance d'Ongarie ou de
Turquie, tirantes au costé dextre.

Outre la lance, il aura aussi vn pistol, non point pour en acquerir *Lancier aura aussi un pistol.*
quelque auantage en l'execution de son effect principal, & de percer
vn esquadron, quand la lance n'y auroit esté bastante, comme en autre endroit nous en dirons la raison : mais pource qu'il s'en peut grandement seruir en vne retraicte : & en cas qu'il fut tombé du cheual,
pour se faire place & se sauuer auec ledit pistol en la main. Et pource
que pour l'intelligence de l'vne espece, la cognoissance de l'autre y fait
beaucoup, combien que hors de nostre propos, Ie dis que
30 La corazze inuentee pour les grosses batailles pour soustenir ou en- *La corazze, ses effects, & choses requises.*
foncer vn esquadron contraire, requiert vne certaine solidité en soy *La corrazze rencontre au trot & pourfuit au galop.*
mesme, & pesanteur. Elle ne va rencontrer auec plus grand mouue-
ment que du trot, & suit le fuyard de galop : dont il luy faut vn fort &
pesant cheual. Il ne donne le feu à son pistol, sinon de si pres qu'il attei-
gne aussi l'ennemy de la flamme, aucuns s'approchent de si pres, qu'ils
mettent leur pistol sur la cuisse ou autre partie d'iceluy. Elle est de plus
grande force que la lance, perçant aucunesfois vn hautbergeois. Mais *Voy sur la fin du quatriesme liure.*
nous nous espargnons pour en dire d'auantage en vne autre occasion,
nous suffisant d'en auoir touché quelque peu pour le propos du pre-
40 sent chapitre, auquel nous auons traitté des soldats & de leur qualité,
pour en faire la leuee requise : ou sera plus facile de leuer grand nom- *Corazzes plus faciles à leuer que les lances.*
bre de cuirasses, que des lances, requerantes des cheuaux plus exquis
& de plus grand prix que les corrazzes, ausquelles les cheuaux mediocres, qui se trouuent par tout, suffisent.

*Lieu de la premiere figure.*

La premiere figure monſtre l'habit, armes, cheual, & mouuement de chaſcune eſpece de la ca-
uallerie.

A  *Comment les Turqs & Ongres ſe prennent de leurs lances au coſté droit.*

B  *Que le cheual pour la lance doit eſtre de prix. Le ſoldat armé iuſques aux genouilleres, & comment il court à toute carriere,
pour prendre l'ennemy au coſté ſeneſtre, & pour le plus ſouuent l'eſpaulle du cheual d'iceluy.*

C  *Que le cheuallier, la lance rompue, & venu à l'eſpee, frappe vers
le coſté ſeneſtre : non pas en lançant le coup, mais ſeulement à
bras courbé l'eſpee au poulce, & va en galop prenant de poincte l'eſpaulle du cheual de l'ennemy.*

D  *Monſtre les armes de la cuiraſſe, auec le garderein.  Le cheual
plus peſant ; qui au trot va deſcharger ſon piſtol de plus pres
qu'il peut, l'appoinctant ou mettant meſme ſur la cuiſſe droit-
te de l'ennemy.*

E  *L'arquebuſier libre de tout empeſchement : a cheual de moindre
prix que les autres. Qui deſcharge, ſe tenant coy.*


DV

Fig. 1.
A
B
C
D
E

## DV
# GOVVERNEMENT
## DE LA CAVALLERIE LEGIERE
### LIVRE SECOND

### Monſtrant comment elle doit eſtre logee.

LES gens leuees & amaſſees, il faut penſer à les loger à la façon militaire. Matiere qui comprend la conſideration de l'officier, auquel cecy eſt recommandé; de la diſtribution des quartiers, & la maniere tant de les aſſeurer, que de les aſſaillir. En la deduction deſquelles choſes, il faut eſtre (comme ailleurs auſſi il a eſté ſuppoſé) aduerty, que ie pretens en parler ſelon l'vſage de Flandre, où ils ſont logeZ à couuert es villages, comme auſſi en France; à raiſon d'vne par-ticuliere commodité deſdits lieux, trauerſeZ de riuieres & canaux, 10 eſquels on rencontre ſouuent des paſſages eſtroicts, des ponts, chauſ-ſees ou diques.   Choſe qui donne grande admiration à ceux qui ne l'ont iamais veu: & comme n'ayant iamais entendu qu'il y a eu des armees contraintes à desloger, ou meſmes taillees en pieces ou defai-tes en leurs quartiers, ils l'attribuent à l'ignorance & ſimplicité de ceſte milice. Mais bien plus ignorants & lourds ſont ils, en parlant de ce qu'ils ne ſcauent.   Or comme de pluſieurs annees, voire aages en arriere, ne ſe ſont rencontreZ des capitaines ſi eſgaux & ſemblables en proueſſe, experience & diligence de vouloir tout ſcauoir, meſmes de voir & aſſiſter par tout, comme ces deux, aſcauoir Henry I V. 20 Roy de France, & Alexandre Farneſe Duc de Parme: ainſi a on veu ſous eux, en ces dernieres guerres de France, toute ceſte milice, au poſſible aſſubtilie, en toutes ſes parties; & particulierement quant aux logis : d'autant qu'en ce long voyage de Flandre à Paris, & de Paris en Flandre on marchoit touſiours auec l'ennemy aux flancqs.

*Le logis doit eſtre entendu ſelon l'vſage de Flandre.*

*La milice raffinee de deux fameux guerriers de noſtre temps.*

### CHAP. I.

#### *A qui appartient la charge de loger.*

I L n'y a point de doute que cecy ne ſoit de la propre char-ge du Commiſſaire general, auquel comme auſſi au Mai-ſtre du camp, attouche en particulier de recognoiſtre la ſituation du lieu; la cure de repartir les logis; & regarder,

*Le Commiſſaire general re-cognoit la ſi-tuation du lo-gis.*

si les ordres par luy donnez, sont executez, estant chose bien dangereuse d'y commettre quelque erreur, voire autant qu'en quelconque
autre endroit, pource que toute l'armee, sans autre pensee, se repo-
sant sur la diligence icy requise, pourroit en vn moment estre destrui-
te, d'vne moindre armee suruenante à l'improuiste. Toutesfois estant
empesché en tant de diuers affaires, le general, luy en laissant le chois,
luy donne vn ayde, qui se dit le furier maieur, duquel l'office est, de
recognoistre les places, & en faisant relation au Commissaire, reçoit
les ordonnances de ce qui y est à faire.    Et pource que c'est vne chose
difficile de bien recognoistre vn lieu, non seulement à la relation d'autruy, mais aussi à veue d'œil propre; luy sera vn grand allegement d'en
auoir quelque trace, pour pouuoir montrer sur le papier les commoditez ou incommoditez qui y sont; & principalement les aduenues de
l'ennemy. En quoy il se pourroit bien seruir des cartes vniuerselles du
pays, comme pour s'esclaircir d'vn long chemin, & de certains passages principaux : mais icelles estant trop generales, il n'y pourra comprendre les minutez d'vne petite contree : voire on ne s'y peut trop
fier, estant ordinairement fort fauces, sans y conioindre les bien dili-
gentes informations des paysans, desquels le Capitaine de campagne
taschera tousiours d'en auoir plus d'vn à la main.    C'est de l'office du
mesme Furier maieur, comme aide du Commissaire, de distribuer les
gardes, desquelles il a la liste chez soy, & de donner, auec le sceu dudit Commissaire, le mot du guet. Dont les furiers des compagnies particulieres le viennent apprendre de luy : & le suyuent quand il va repartir les logis, chascun accompagné d'vn ou de deux soldats, qui a-
pres sont renuoyez, pour conduire chascun sa compagnie au lieu ou
quartier qui luy est assigné, principalement de nuict, quand sans ceste
diligence, elles se pourroyent facilement foruoyer, & vagants çà & là
sans aucune certitude du chemin, perdre le temps requis pour leur
repos.

Le Capitaine de campagne aussi, enuoye tousiours vn des siẽs, auec
le Furier maieur, pour recognoistre ( n'estant assez pour luy, d'auoir
seulement par escript les noms des quartiers où on logera, & le lieu
que le bagage doit occuper) le village, & l'y conduire en apres. Où e-
stant arriué, il assignera la place aux marchands & viuandiers, & procurera que tous les chariots se retirent des rues, afin qu'en l'occasion
d'vne alarme, ils n'y donnent de l'empeschement.

---



### *De la distribution des quartiers.*

GRande discretion y faut-il appliquer, pour assigner à vn chascun
le quartier conforme à la qualité de la personne & du lieu. Laquelle defaillant souuent en l'officier, donne occasion de mescontentement de plusieurs. Mais pour ne point encourir le soupçon de partialité, sera vne regle tres-bonne, que ceux, qui de mal logez, ont eu
occasion de se plaindre, soyent au logis suiuant mieux accommodez.
Le mar-

Le marché des viures, sera pour la commodité de tous, au milieu du village; & ainsi aussi plus esloigné de l'assaut de l'ennemy : à quoy il faut auoir grand esgard, comme aussi à ce, qu'il soit hors des voyes par lesquelles on court au rendez-vous, ou à la place d'armes. Et ceste place de nuict s'assignera aux costez, & de iour au front. Deuers les aduenues aussi des ennemis sont colloquez les arquebusiers, & les lances au cœur du village. Mais toutes ces matieres seront plus esclaircies en la deduite des chapitres suiuans.





## CHAP. III.

### De la necessité d'asseurer les quartiers.

IL n'y a chose qui plustost trompe le Capitaine inexpert, que de se persuader qu'il est superieur de forces & de gens, auantagé de lieu, ou tant esloigné de l'ennemy, qu'il ne puisse ou ose l'assaillir. Presumption sur laquelle le plus souuent les surprises, & principalement des logis, sont fondees ; esquelles les asseurez & mal pourueus & pis en ordre, sont assaillis, de gens bien ordonnees & resolues. Chose qui succede plus facilement en la cauallerie qu'ailleurs, le soldat ayant besoin qu'on l'aide armer, qu'on luy selle & bride le cheual, ou bien souuent & maistre & valet s'estordissent, principalement és tumultes nocturnes, qu'on ne trouue ne lumiere, ne selle, ne bride à propos ; en telle sorte qu'on a l'ennemy au dos, deuant pouuoir monter à cheual & s'vnir auec les autres. Chose bien cognue à cause de plusieurs succesz, mais aussi bien mocquee des bons & experts capitaines, veu que entre tous exploits qui se font entre cauallerie & cauallerie, cestuy ci est le plus braue.

Pour ne se point tromper donques ; il faudra vser en tout temps & lieux & occasions des mesmes diligences, cõme si on auoit tousiours l'ennemy gaillard aupres de soy, auec intention de t'assaillir chascun moment. Car si sur cecy te succedoit quelque disgrace, tu en trouuerois ta descharge & deuant Dieu & deuant les hommes, de n'auoir failli à ton deuoir : & pour le moins accoustumeras tes soldats à bonne discipline, en sorte qu'ils ne sentiront le trauail, duquel ils se plaindroyent, s'ils estoyent trauaillez des labeurs non accoustumez.









## CHAP. IV.

### En quoy consiste l'asseurance des quartiers.

IL semble que toutes les diligences appliquees à l'asseurance des logis, ne tendent à autre but, que de gaigner le temps, & que l'ennemi ne te puisse si subitement assaillir que tu n'ayes le temps suffisant pour t'armer, monter à cheual, & t'vnir auec les autres en la place d'armes. Et pour cest effect il n'y a meilleur moyen que cestuy-ci, asçauoir de rendre à l'ennemy ses aduenues, autant que faire se peut, difficiles : chose qui s'accomplit par l'opportunité du lieu, & la qualité des gens, proportionnee selon la situation. La situation se peut considerer ou se-

*Confideration de la verité des fituations.*

lon vne certaine generalité, comme d'vne côtree ouuerte, ou eſtroite, ſi c'eſt vne montagne, colline, ou campagne, & ſi elle eſt nue & franche, ou ſubiette à des paſſages difficiles, des boſcages ou riuieres, & autres choſes ſemblables ; deſquelles on peut preſumer qu'elles pourroyent eſtre les aduenues de l'ennemy. Puis elle peut eſtre examinee plus en particulier : aſcauoir de ce mont ou colline, de ce chemin, de ceſte trauerſe, foſſé, diſtance de ceſte place de celle où on penſe loger. Choſes qui mieux ſeront entendues és diſcours ſuyuans : eſquels, pour tenir bon ordre, ie feray trois parties de toute la ſituation, des le centre, par le diametre, à la circonference : aſcauoir du village ainſi qu'il io eſt compris en ſon circuit, de la place d'armes, & de la contree, appliquant à vn chaſcun ſes gens requiſes ; auec deſcription de leur office & vſage.

---

## Chap. V.

### De l'aſſeurance du village.

*Loger à couuert vtile.*

NOus auons parlé deſſus de l'vſance & commodité en ces Pays-bas, de loger à couuert és villages. Choſe fort vtile, & premiere- 20 ment inuentee du Duc d'Alue. Car il n'y faut qu'vne pluye, vn peu de froid ou de glace, pour gaſter & deſtruire vn cheual en vne nuict ; & tant plus y doit on prendre garde és lieux où on eſt contrant d'eſtre en armes, non ſeulement l'eſté, mais auſſi en hyuer.

Or ces villages ordinairement ſont enuironnez de iardins, bons foſſez, & hayes verdes ; ayans auſſi la pluſpart les emboucheures des chemins cloſes de barrieres : au defaut deſquelles on peut ſuppleer de *L'aſſeurãce des villages facile en Flandre.* peu de gros bois ou chariots : de ſorte que l'aſſeurance n'y eſt trop difficile, principalement n'y ayant beſoin d'autre repaire, que pour retenir l'entree des cheuaux. Bien ſouuẽt auſſi la diſpoſition de la con- 30 tree, donne ſi eſcharſe aduenue à l'ennemy, que d'vne ſeule barre, ou *Aſſeurãce des villages ou-uerts.* pour le moins de bien peu, on l'en peut retenir. Mais s'il peut inuironner le lieu tout à l'entour ; principalement de nuict, on taſche de trauerſer & clorre tous les chemins, au lieu deſquels on fait des nouuelles iſſues auec les tranchees par les iardins, & autres lieux plus ſecrets & couuerts, eſloignez des chemins & ſentiers communs, de ſorte que l'ennemy n'en puiſſe ſi facilement auoir la cognoiſſance, pour oſer reſolument charger vne ſentinelle ou corps-de-garde, qui ſe retireroit *Corps-de-garde tant d'arque-buſiers, que de lances, & leur lieu.* par là, & taſcher d'entrer meſlé auec icelle. On mettra tant aux barrieres, qu'aux petits chemins ouuerts, des corps-de-garde, aſcauoir aux 40 chemins ouuerts les lances, & les arquebuſiers aux barres. Aucuns mettent ces corps hors de repaires : mais certes il y a plus grande raiſon de les tenir par dedans, où ne pouuants eſtre aſſaillis à l'improniſte, ils ne ſerõt forcez de demeurer toute la iournee & la nuict ſans oſter bride ; choſe qui cauſant trop de malaiſe aux cheuaux, les pourroit endommager. Dont auſſi il ſuffira à l'officier, de donner ordre, que de nuict ſeulement les brides ne ſoyent oſtees, & que les ſoldats ne depoſent les armes, & qu'on s'y tienne autant que poſſible, en ſilence.

Les

Les aequebusiers y mettront pied à terre, sans remonter à cheual, si ce n'est par l'occasion d'vne alarme, ou particuliere commission ou contresigne du chef. Et sachans qu'ils y sont mis pour garder le quartier, & non pour combattre l'ennemy, ils ne s'auancent, sous peine capitale, d'vn seul pas du lieu assigné, si ce n'est, comme auons dit, en vne alarme: & lors mesme, quand le chef de tel corps en donne l'auis au general, il mandera encor quatre ou six cheuaux vers le lieu, dont l'alarme vient, pour tant mieux recognoistre, & receuoir au besoing, la sentinelle; luy cependant se tenant proche de son lieu, sans s'auancer 10 en sorte qu'il perde la veue de son quartier. Et tout cecy s'entend, en cas que l'ennemy sentant qu'il est descouuert, s'arresta, ou tourna sa carriere en fuyant: lors, combien que l'official, qui assiste au corps-de-garde, fut plus que certain d'en faire prise ou carnage, ne bougera, cõme auons dit, aucunement. Lequel ordre ne se tenant, il seroit impossible d'euiter les frequentes embusches que l'ennemy y pourroit mettre. Mais si ledit chef s'apperceut que l'ennemy vint, resolu d'attaquer le quartier: qu'il se souuienne, qu'il y est mis pour defendre ses compagnons, qui se reposent sur luy. Dont pour entretenir l'ennemy, & le tenir le plus loin qu'il peut, il est obligé de s'efforcer, contre quel- 20 conque nombre de gens, combien que hors de toute proportion des siens: En laquelle maniere de proceder, on a veu souuent l'ennemi bridé, & mesme mis en desordre.

A cest exploit, de resister à l'ennemy assaillant le quartier, y pouuant concourir plusieurs corps: ils s'vniront en vn esquadron, ou bié, s'il leur semble qu'il soit trop gros, ou que quelque autre respect le cõseille, se repartiront en plusieurs trouppes: en quel cas l'auant-garde sera de ce corps, dont la sentinelle a tousché ladite alarme: comme aussi on fera, quand toute la cauallerie seroit ioincte en place.

30

## Chap. VI.

### *De la place d'armes, ou Rendez-vous.*

La place d'armes, est le lieu hors du village, auquel les gens se rendent & se rangent contre l'ennemy liurant l'assaut. Lieu de tresgrande consideration en ceste matiere, & auquel consistent toutes les asseurances cerchees és autres, ascauoir, d'auancer temps, pour faire telle vnion.

Or pour l'election & vsage de ceste place, importe grandement la 40 consideration du reste de la situation, si c'est en lieu large ou estroict, & autres telles choses susdites: comme aussi, de la circonstance du temps; si c'est de iour ou de nuict; Item la quantité du lieu, si c'est pour vn village ou bien pour plusieurs; & mesmes dirois encor des gens, ascauoir, si la cauallerie est seule, ou bien conioincte auec l'infanterie, si nous ne l'auions desia forclose de ce discours, me contentant d'en dire seulement ce mot, ascauoir, que l'infanterie se doit loger és villages exposez à la premiere rencontre de l'ennemi, comme plus prompte pour se presenter à la place d'armes. Si donc la cauallerie se loge en vn

seul village, & que c'est de nuict, quand l'ennemy y peut suruenir plus à l'impourueue, comme ne pouuant estre descouuert de trop loin, ceste place ne s'assignera en aucune maniere en front du village, pour estre trop proche de l'aduenue de l'ennemy, dont elle pourroit facilement estre occupee, & les gens qui s'y rendroyent, de main en main taillees en pieces: mais se fera aux espaules ou costés dudit village, sans se trop soucier que le bagage soit exposé en proye de l'ennemy: qui mesme s'inuitant au pillage, luy pourroit donner occasion de desordre. Mais de iour, ladite place sera mieux en front, monstrant en cela plus de courage, & les soldats, l'aymans mieux, pour asseurer leur bagage, outre ce que le logis en est mieux defendu. Et si le pays est ou-



uert, de sorte que l'ennemy tournoyant, peut assaillir de toutes parts, il n'y a meilleur parti, que de nuict y mettre hors les gens, & se tenir bien sur ses gardes, comme nous en dirons ci-apres.



  Si toute la cauallerie ou vne grande partie d'icelle estant conioincte, pour l'accommoder il y faudroit occuper plusieurs villages; il y faut considerer la qualité de la contree, plus ou moins exposee aux aduenues de l'ennemi. Or plusieurs villages peuuent estre enuironnez aux



flancqs de riuieres ou gros canaux, de sorte qu'ils ne donnent qu'vne entree à l'ennemi. Lors la place d'armes generale, qui doit estre commune à tous, sera au centre: & les villages qui sont exposez à la premiere rencontre (puis que difficilement on trouuera entre plusieurs vn seul de front, & le reste en ligne droite) auront côme corps des gardes, la charge d'asseurer le reste: dont aussi ceux qui y seront logez y vseront plus qu'autres des deues diligences.

  Ceux ci donques, l'alarme sonnee, s'vniront en leurs places particulieres, qui de iour seront, comme auons dit, en front, & de nuict aux espaules, & de là s'auanceront vnis pour receuoir l'assaut de quelconque nombre des ennemis, bien que sans parangon plus grand que le leur, & le soustiendront pour le moins, tant qu'ils puissent s'asseurer que les autres se sont rendus à la place generale, où apres, estans forcez par l'ennemi, ils se retireront aussi peu à peu. Chose non trop difficile, les autres se pouuans cependant auancer pour les couurir.



  Peut aussi estre que ces villages soyent en vn pays ouuert, & tellement disposez, que l'ennemi puisse assaillir celuy qu'il voudra. Alors il faudra que tous vsent de mesme diligence, comme si c'estoit vn seul village: n'y ayant autre difference, sinon que chascun acheminé vers sa place particuliere, on se vient rendre ensemble à la generale; la resistance touchant à ceux qui les premiers seront attaquez.



  Quant à l'ordre de s'y vnir, le Commissaire general, ou en sa place le furier maieur, est tenu auec ses aides, d'assigner le soir precedét à chascune trouppe ou compagnie, le lieu qu'elle doit occuper en ladite place: où elle se tiendra ferme, vers quel lieu elle tournera sa face, & autres ordres necessaires, pour euiter, principalemét de nuict, toute con-



fusion. Et l'alarme sonnant, ces officiers y seront les premiers trouuez, pour recognoistre si les ordres donnez sont executez: outre ce qu'ils seruiront comme d'esperon aux capitaines particulie s, qui aussi n'y voudront estre les derniers, sachants qu'ils y trouueront leurs superieurs.

rieurs. Defquelles chofes nous parlerons d'auantage en traictant de l'ordonnance en bataille & au marcher qui fe font auffi en cefte place, quand on fonne l'alarme. Et comme l'alarme eft fonnée, puis que la matiere en depend de la contree, troifiefme partie que nous nous auós propofé d'affeurer, en ferons l'explication au chapitre fuiuant.

---

## Chap. VII.

### *De l'affeurance de la contree.*

10 La diligence es affeurances, ne peut iamais eftre telle, qu'vn Capitaine ait occafion de penfer, qu'elle foit trop grande: chofe affeuree par les eftranges furprifes qui y font aduenues, de quoy nous dirons ailleurs. Dont on s'eft accouftumé de ne fe point contenter, de garder le circuit & repaires du village, mais auffi de fortir, s'eftendant iufques à vne bonne diftance en la contree, pour tant pluftoft defcouurir l'ennemi de loin, & pour auoir plus de loifir à fe preparer. Les lieux plus proches, cóme de deux à trois cent pas, du corps de garde, font affeu-rez par les fentinelles: & les plus lointains, iufques aux paffages eftroits 20 & difficiles, iufques à l'extremité des aduenues, font gardees de quelques corps de gens, principalement de ceux, qui faifant les courfes & battant les chemins, font appellez les auant-coureurs. Dont nous traiterons & de celles là, & de ceux-ci, es deux chapitres fuyuants.



---

## Chap. VIII.

### *Des fentinelles.*

Pvis que les corps-de-garde ne fe peuuent toufiours tenir à cheual, voire ne doiuent tenir leurs cheuaux toufiours bridez, & ne def-30 couurent l'ennemi trop loin de leur lieu, pour n'eftre furpris à l'improuifte. & auoir le temps de monter à cheual, on a trouué les fentinelles, que chafque corps met de fes foldats en la campagne, tant de iour que de nuict. En quoy y ayant quelque diuerfité de proceder, nous parlerons de chafcun en particulier.



C'eft vne ordonnance commune, qu'on met de tout temps les fentinelles doubles, afin que l'vn allant auifer le chef du corps-de-garde, de ce qu'il a veu & ouy, l'autre y demeure pour obferuer autres accidés qui entretant pourroyent furuenir. Et l'vne & l'autre fon mifes là où 40 plufieurs chemins fe ioignent, pour occuper toutes les aduenues, fi elles n'excedent la iufte & deue diftance, afcauoir de non plus de trois cent pas. Auffi eft-ce chofe commune, que chafque corps de garde, ait moins esloigné de foy, vne fentinelle fimple, de laquelle l'office n'eft autre, finon d'obferuer les allees de la double, refpondantes ainfi l'vne à l'autre. Et fi la double fut quelque peu trop esloignee pour occuper quelque chemin croifé, ou bien, que pour l'incommodité du lieu, elle ne pouuoit eftre bien defcouuerte de la fimple; on y mettra entre deux vne autre fimple, qui ait la veue & de l'vne & de l'autre.

Les sentinelles ne se doiuent bouger soubs peine de la hart.

Toute sentinelle doit sçauoir qu'elle est mise en son lieu, seulement pour auiser le corps-de-garde de ce qu'elle verra par la campagne : dõt combien que prouoquee de personne ennemie, & la pourroit prendre à main sauue, si est-ce que s'auançant d'vn seul pas de son lieu, elle encourroit peine capitale. Cependant que celle qui selon sa charge voyant venir l'ennemi, en doit en haste auiser le corps-de-garde : l'au-

Sentinelle cõment fait sa retraicte.

tre se voyant forcee se retirera aussi peu à peu vers le mesme corps. Et nul n'y mettra iamais pied à terre, si ce n'est de necessité naturelle : & alors ne se fera que d'vn à la fois.

Lieu & aduertissement de la sentinelle de iour.

De iour, on taschera de mettre les sentinelles és lieux eminents, pour mieux descouurir la campagne : auec aduertissement, de ne les poser sur les grands chemins ; pource que les fourragiers & autre gens y paissant, elles pourroyent estre surprises des ennemis s'y accostans, soubs semblant de fourragiers & amis. Se tiendra donques hors du chemin, d'vn iect de pierre, où elle ne se laissera accoster de quiconque que ce soit.

Lieu des sentinelles de nuict, & leur deuoir.

De nuict, si faire se peut, on mettra les sentinelles és lieux bas, veu que par l'obscurité on voit facilement tout ce qui vient d'en haut. Elles ne laisseront n'entrer ne sortir personne, quiconque que ce soit, du quartier ; ains l'ayant fait arrester à trente ou quarante pas d'eux, l'vn en ira aduertir son officier, lequel, comme celuy qui seul a le mot du guet, sera obligé de l'aller recognoistre, & entendre ses affaires en tel temps

Sentinelles chãgees & en quel ordre.

& lieu. Ces sentinelles de quand en quand, sont changees en la maniere suyuante ; l'heure du changement estant venue, & faite la prouision des cheuaux necessaires, le lieutenant en prendra vne partie, & l'autre sera recommandee, non point au port-enseigne, lequel ne doit abandonner son estendart, mais à quelque vieux & experimenté soldat. Le lieutenant auec sa trouppe tournera de l'vn, & le soldat auec la sienne de l'autre costé, ayant chascun son trompette ; & de main en main iront changeant les sentinelles, cheuauchant l'vn deuers l'autre, & conduisant tousiours les relaschez iusques à se venir rencontrer. Et ceste diligence se fait, afin que, peut-estre, l'ennemy s'y approchant en mesme temps, & oyant le bruit des cheuaux & des trompettes, sans pouuoir recognoistre le nombre des gens, comme de chose non attendue, soit arresté, & que cependant lesdites trouppes se puissent retirer auec les sentinelles à leur aise, & ceux du quartier ayent le loisir de monter à cheual.

La ronde extraordinaire se fait du Capitaine, lieutenant & porte-enseigne.

En apres, il y a aussi la ronde, qui se fait pour recognoistre si les sentinelles sont vigilantes. Laquelle combien qu'elle est recommandee à personnes ordinaires, si ne sera-il mal que le capitaine la face, cõme aussi ne au lieutenant, ne au porte-enseigne, apres auoir recommandé l'estendart à personne experimêtee, elle seroit mal seante : estant ceux ausquels principalement appartient l'instruction des soldats, & notamment en ceste sorte d'exploits, esquels la moindre negligence est irremissible & mortelle, comme celle qui est suffisante pour causer la totale ruine d'vne armee.

CHAP.

Marginal line numbers: 10, 20, 30, 40

## Chap. IX.

*Des auant coureurs & cheuauchees pour battre les chemins.*

LEs quartiers ainſi accommodez, le Commiſſaire general deputera ceux, qui auront à battre les chemins, ſans leſquels toutes les autres diligences ſeroyent de peu d'importance. Il ordonnera donques autant de cheuaux, qu'il y en ait quatre ou cinq pour chaſcun chemin ou aduenue, entre leſquels il y ait pour le moins vn arquebuſier, pour donner l'alarme. Et eſt ce nombre ſuffiſant, puis qu'ils ne vont pour autre effect, que pour ſentir, eſcouter, & auiſer. On choiſira pour chef de la trouppe, vn officier expert, & des ſoldats les plus exercez, ſelon que le beſoin & ſoupçon le requerra. Ceux-ci ne mettront pied à terre, ains tout bellement iront eſcoutant, s'ils ſentent quelque rumeur de gens, qui de nuict s'oyt bien facilement: & s'ils oyent quelque choſe, ſans eſtre apperceus, le chef pourra enuoyer ſecretement vn ſoldat au quartier, pour l'aduertir de la venue de l'ennemi, & quand il iugera que ceſtuy-ci y pourroit eſtre arriué, il en enuoyera encor vn autre, pour aſſeurer l'auis du precedent: ſe retirant cependant peu à peu, & obſeruant touſiours les deſſeins de l'ennemi, & en particulier le nombre des cheuaux, qui ſe pourra pluſtoſt coniecturer par l'ouye de la piſte, que comprendre par la veuë. Mais ſi l'ennemi s'en ſeroit apperceu, il fera deſcharger vn arquebus ou deux, qui donnent l'alarme, & en haſte deſpeſchera vn ſoldat auec l'auis.

Il n'y a aucune doute que l'alarme, combien que fauſſe ne ſe peut euiter, eſtant chez l'ennemi de ſe preſenter toutes & quantes fois qu'il veut, & bien ſouuent, non à autre fin, que pour te trauailler, ne laiſſant repoſer les gens: ou par ſtratageme, de te rendre nonchalant, de ſorte que quand de fait il te vient aſſaillir, il y trouue moins de rencontre. A ceci les capitaines ordinairement obuient, parce qu'ils donnent l'alarme en ſecret, ſans cris ne ſons, ains ſeulemẽt par aduis, afin que l'ennemi ne s'en enorgueilliſſe, & ſe reſiouyſſe de te mettre en peine, ains que luy meſme, comme meſpriſé s'en faſche & deſiſte, ou bien deuienne negligent en ſes procedures, ſe perſuadant de te trouuer deſpourueu, & comme on dit, endormy: outre ce que par ainſi on excuſe la confuſion & horreur des ſons des trompettes, & cris de guerre, par leſquels on ne peut n'entendre les commandements des officiers, ne comprendre l'importance du fait, aſcauoir ſi l'ennemi eſt deſia entré au quartier, ou s'il eſt encor par dehors.

Mais d'autant que l'ennemi ne chemine point touſiours à pas lent & ſuſpens, mais reſolu, charge aucunesfois ſur les ſentinelles ou auantcoureurs, pour, eux ſe retirãs, entrer peſle-meſle auec eux au quartier, (moyen vnique & le plus puiſſant, pour venir à bout de telles entrepriſes) de ſorte qu'eſtant forcé de te retirer en haſte, ne pourrois enuoyer l'aduis, ou donner l'alarme ſecrete, comme auons dit deſſus: alors les ſentinelles & auant coureurs s'enfuyans deuers le quartier, donnerõt l'alarme auec tirs d'arquebus, & crians à haute voix, & y entreront, nõ pas par les ouuertures ordinaires des voyes, mais par les ſentiers ſe-



---

*Marginal notes:*

*Importãce des auant-coureurs.*

*Nombre des auant-coureurs.*

*Chef des auãt-coureurs, ſon office, & choſes en luy requiſes. Office des auant coureurs, & leurs aduertiſſemens.*

*Alarme fauſſe occaſionnee de l'ennemy, pour trauailler ſes gens, ou te rendre nonchalãt.*

*Comment on preuiẽt au deſſain de l'ennemy, de ſes fauſſes alarmes.*

*Precepte treſ-important aux ſentinelles & auãt coureurs, quand l'ennemy leur vient ſus reſolu d'entrer auec eux au quartier.*

crets, afin que l'ennemi demeure souspens en la poursuite, ne sachant, où il pourroit estre attiré d'eux. Aduertissement de tresgrande importance.



　　Quand l'alarme vient donné en secret, on peut aussi prendre le suiuant parti, duquel dependent encor plusieurs autres. Ayant quelque notice du nombre que l'ennemi conduit, encor qu'en certaine maniere il seroit superieur ; on fera monter le plus secretement qu'il sera possible, les gens à cheual, & les rangera au flanc ou à l'espaule de l'aduenue de l'ennemi : & pour tant plus aisement le tromper, on ne leuera les sentinelles de ceste part, leur commandant, que quand ils le sentent prochain, ils sonnent vn alarme gaillard : dont l'ennemi, s'il est soldat, les chargera à toute bride, d'vn esquadron, pour entrer peslemesle auec eux, & secondera du reste. Et par ce que, principalemēt de nuict, les soldats sont de bien difficile retenue qu'ils ne s'addonnent à la proye qui se presente assez commode, non seulement les premiers y estant entrez sans resistance, se seront desia espars par les maisons, mais aussi les seconds & les autres suiuans, voire ceux qui seront encor par dehors, y voudront accourir pour en auoir leur part ; & combien que le capitaine les en peut aucunemen retenir, si n'obtiendra-il iamais que les trouppes suiuantes se tiennēt en si bon ordre qu'il estoit requis. Alors ceux qui estoyent l'attendans, s'auançans pour le charger, ie suis asseuré qu'il n'y aura point de faute de bonne issue, la cōdition estant changee, & ceux qui pensoyent surprendre les endormis, assaillis à l'improuiste. Et quand mesme on iugeroit n'estre expediét de le combattre, si se pourra on tousiours retirer à son aise, moyennant qu'on ne soit empesché de trop de bagage, comme d'ordinaire on voit qu'il aduient à ceste cauallerie de Flandre.



　　Or pour retourner à nos auant-coureurs, touchant la distance qui est à obseruer en leurs cheuauchees : il faut noter, que le pays estant ouuert, & sans pont ou passage estroit entre l'ennemi & le quartier, par lequel il luy faille passer necessairement ; tant plus qu'ils s'auanceront, tant mieux sera : & principalement quand il se faudra asseurer de quelque guarnison, ils y approcheront iusques à la porte, afin que personne n'en puisse sortir sans estre senti. Mais s'il y aura des ponts, ou passages estroits, par lesquels l'ennemi est contraint de passer s'il veut assaillir le quartier ; on y mettra des gardes d'arquebusiers, qui ou par leurs tirs, ou par autres moyens donneront aduis si l'ennemy s'approche. La chose le peut aucunesfois requerir, qu'on y enuoye des trouppes entieres, par ce que telle sorte de gardes peut asseurer non seulement vne compagnie de cauallerie, mais aussi vne armee entiere. Ce qui suffira des corps-de-garde, desquels on se sert coustumieremēt, tant des sentinelles que des auant-coureurs, desquels sera plus amplement parlé au liure suyuant, Du marcher. Disons maintenant quelque chose des moyens extraordinaires, que la necessité du temps, ou du lieu, ou que la prudence d'vn accort & diligent Capitaine a inuentee.

　　　*Lieu de la seconde & troisiesme Figure.*

　　　　　　　　　　　　　　　　　　　　　*2. Figure.*

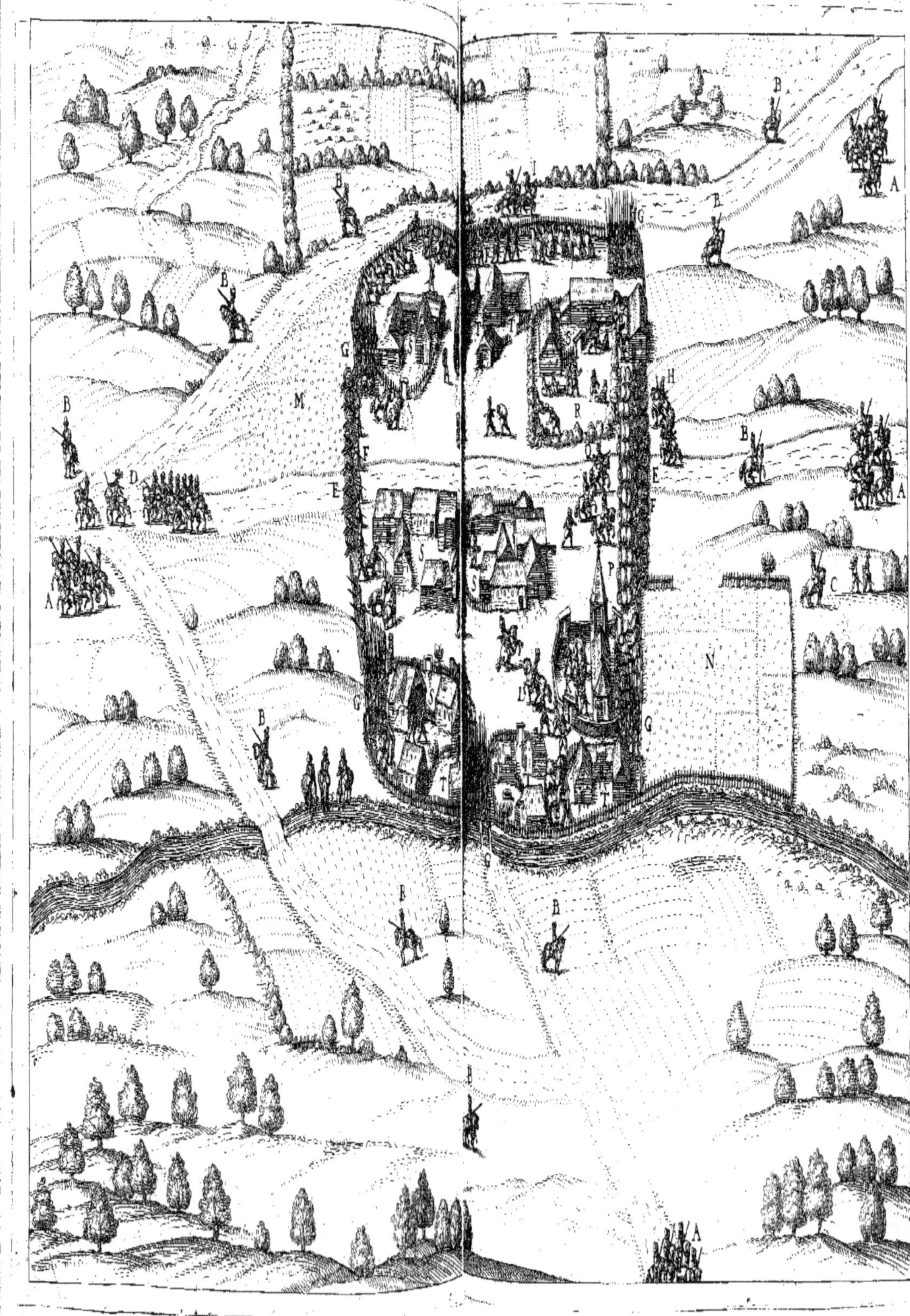

A
B
A
B
G
I
B
B
H
B
M
R
A
B
D
F
E
E
A
P
C
J
S
N
L
G
G
S
B
T
G
B
B
B
A

## 2. *Figure.*

Vn village pour y loger vne partie de la Caüallerie, selon
l'vsage de Flandre & de France, auec deduite de
la maniere ordinaire qui s'y tient pour
l'asseurer & garder de
nuict.

A  Cinq auant-coureurs arquebusiers, qui vont battant le chemin
   en front, & autres par les espaules du quartier.

B  Sentinelles qui gardent toutes les aduenues de l'ennemy.

C  Sentinelles qui ne laissent entrer ou sortir personne du quartier.

D  Trouppe d'arquebusiers conduite d'vn Lieutenant, pour estre
   mise en garde où le besoin sera.

E  Chariots renuersez pour clorre les chemins principaux, tant par
   les flancqs, que par les espaules, gardez d'arquebusiers qui ont
   mis pied à terre.

F  Trois corps-de-garde à pied qui gardent lesdites barricades des
   chariots.

G  Cinq corps-de-garde de lances qui gardent les chemins ouuerts.

H  Commissaire general visitant comment le quartier est gardé &
   asseuré.

I  Furier maieur, & vn sien aide, qui va à mesme effect.

K  Furiers mineurs, qui au cemitiere donnent les autres ordres touchant les gardes & logis, par escript.

L  Caporaux qui entrent & sortent pour receuoir lesdits ordres.

M  La place d'armes ou Rendez-vous en front du quartier.

N  La place d'armes aux espaules du quartier.

O  Soldats arquebusiers à pied apostez vers la place d'armes.

P  Bagage de la Caüallerie.

Q  Capitaine de campagne qui ordonne le bagage en son lieu.

R  La place ou marché ordinaire du village.

S  Logis des lances.

T  Logis des arquebusiers.

### 3. *Figure.*

Comment toute, ou la plus grande partie de la Cauallerie
se loge en cinq villages , chascun desquels s'asseure selon
qu'il est monstré en la seconde figure : auec demon
stration comment on en sort aux armes pour
resister à l'ennemy qui leur vient
sus.

A   *Le chemin principal.*
B   *Riuiere sur laquelle sont situez trois villages.*
C   *Petite riuiere qui va entrer en l'autre.*
D   *Village où le bagage est logé.*
E   *Place d'armes generale.*
F   *Vn pont pour sortir de là place d'armes generale.*
G   *Places d'armes particulieres de chascun village.*
H   *Sentinelles en leurs lieux, partie desquelles tirent en signe d'alar-*
     *me.*
I   *Arquebusiers auec leur officier, qui vont recognoiste de quel co-*
     *sté l'alarme vient, dont la sentinelle O luy donne l'indice.*
K   *Officier qui va retirer les sentinelles.*
L   *Corps de garde d'arquebusiers à pied, qui garde vn pont rompu.*
M   *Souuerain chef de l'armee, qui se trouue en la place d'armes pour*
     *y donner les ordres necessaires.*
N   *Second chef qui y assiste pour mesme effect.*
O   *Vne trouppe de lances, qui ayant gardé chemin ouuert, en est*
     *sortie pour rencontrer l'ennemy.*
P   *Vne trouppe d'arquebusiers , qui s'auance au costé des lances,*
     *pour infester l'ennemy deuant la rencontre.*
Q   *Trouppe de lances sortie de la place d'armes de front , pour ren-*
     *contrer & retenir l'ennemy.*
R   *Corps-de-garde d'arquebusiers entré en la place des lances sor-*
     *ties en campagne.*
S   *Trouppe de lances qui se met, les lances abaissees , deuant le che-*
     *min ouuert pour le defendre.*
T   *Commissaire general , qui ayant ouy l'alarme , accourt du vil-*
     *lage plus esloigné à la place d'armes generale.*

CHAP.

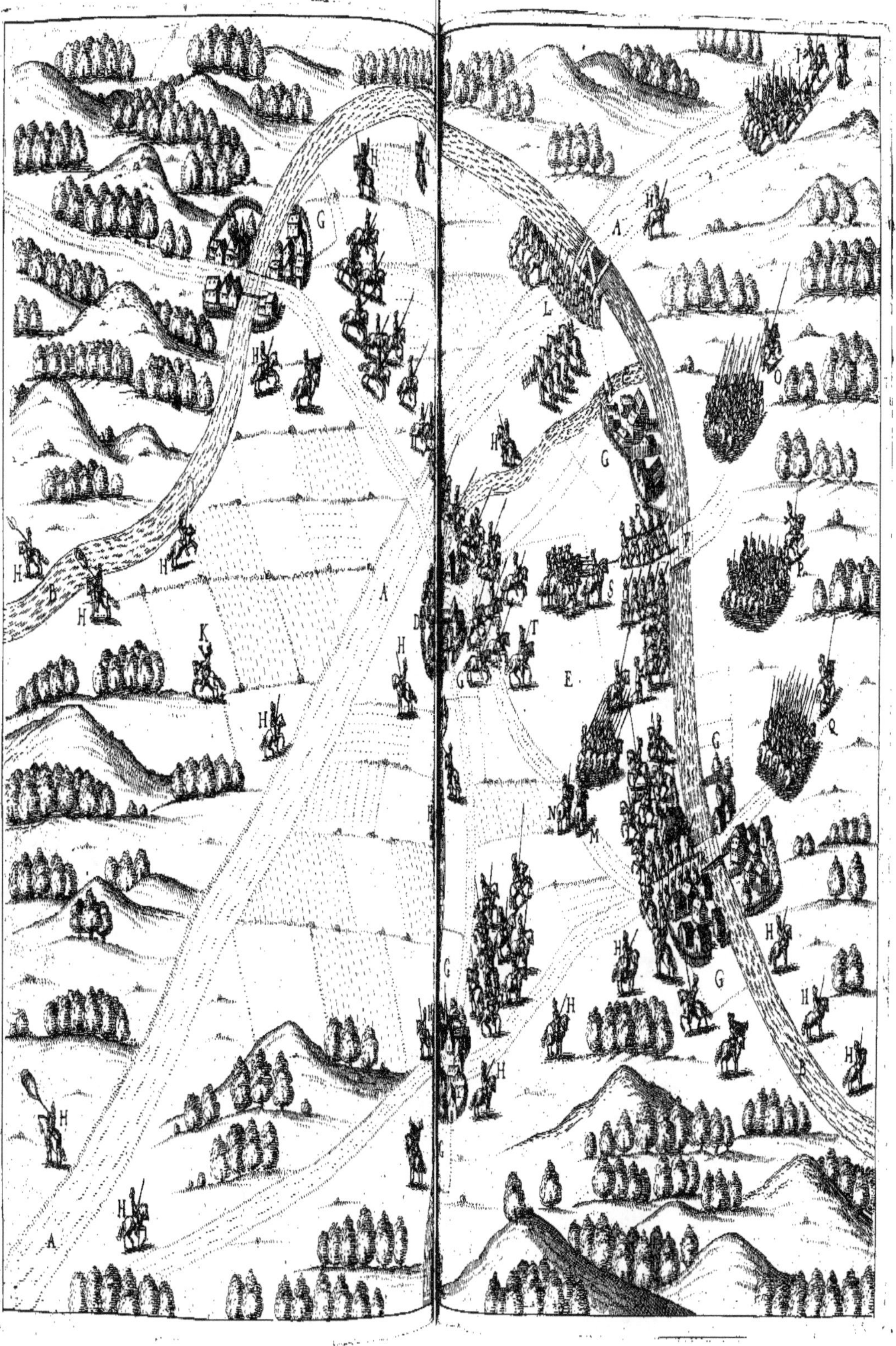

A
B
D
E
F
G
H
I
K
L
M
N
O
P
Q
S
T

## Chap. X.

### *De quelques autres manieres extraordinaires de s'asseurer de diuers accidens.*

IL y a plusieurs accidents esquels on est contraint de sortir des preceptes generaux: Dont afin qu'en matiere si importante, chose qui par experience a esté trouuee bonne & louable regle, ne soit omise: nous examinerõs quelques manieres extraordinaires, desquelles on se peut seruir, comme quelques capitaines renommez s'en sont serui heureusement.

Il aduient quelques fois, qu'on vient au quartier, de nuict, & auec mauuais temps, de sorte qu'on ne peut cognoistre les aduenues, & les lieux competents pour y mettre les sentinelles & corps-de-garde, lors le Commissaire general, ou bien le chef mesme des gens, est tenu d'aller en personne, recognoistre, le mieux qu'il peut, les lieux, & y mettre les corps-de-garde & sentinelles, que selon le soupçon il iugera estre necessaires; adioustant à chascun estendart dix cheuaux de garde, plus ou moins selon la necessité, & donnant ordre que ses gens se tiennent tousiours prestes. Et qu'il sache, que l'ennemy venant, il n'y a meilleur remede, & peut-estre, c'est l'vnique, que d'auoir donné ordre aux dits corps-de-garde, qu'ils le vayent resolument attaquer. Lesquels partis, outre l'honneur & reputation qu'on en rapporte, ont coustumierement vne issue heureuse : comme aussi en ce mestier des armes on ne peut attenter des entreprises glorieuses, sinon par voyes difficiles, y balançant les profits auec les dangers. I'y pourroy alleguer plusieurs exemples, mais il suffit d'en raccompter vn paire des modernes, à propos des susdits ordres donnez opportunément.



I'estoy, estant Commissaire general, logé en Osterhaut, village aupres de Bredal, où ie me trouuay seul auec 100. cheuaux, pour auoir enuoyé le reste à certaine entreprise. De quoy l'ennemi ayant eu langue, vint enuirõ la minuict, auec quatre cent pietons attaquer le quartier. Dont oyant l'alarme, i'accouru au corps-de-garde, composé de deux cõpagnies, l'vne d'Antoine Oliuiera, & l'autre d'Alfonce Mondragon, au lieu desquels y trouuay leurs officiers, ascauoir Scoria, lieutenant de Mondragon, & Spada porte-enseigne de Oliuiera. Secondé donc de ceux-ci : nous rencontrasmes l'ennemy auec telle resolution, que non seulement nous le repoussames, mais aussi le mismes totalemét en fuite, & combien qu'apres, nonobstant la nuict, il se remist sus, & retournast à l'assaut, si est ce qu'en mesme poinct, le Comte Decio Manfredi, porte-enseigne de la compagnie du Marquis del Guasto, y suruenant auec peu de cheuaux, par mon ordre les inuestit auec si grand courage & valeur, qu'il les mit en totale routte, y laissant plus de deux cent morts sur la place. Chose quasi incroyable, que si petit nombre de cheuaux, de nuict, & en vn lieu estroict, eussent peu faire si grande deffaicte.



A ce mesme propos; Estant enuoyé du Duc de Parme en France auec dix & sept compagnies au secours des Catholiques, & le Duc d'Vmene voulant aller à l'entreprise de Nielle se logea de nuict en la contree de Noion; & moy logé auec quatre compagnies au village de Lagny, gueres loin de Campegne, le Gouuerneur dudit lieu, qui estoit Monf. d'Humiers, vint de nuict auec son nombre de Caualerie, attaquer le quartier, auec telle resolution, qu'il penetra iusques au corps-de-garde de la place, & le defit totalement. Moy, qui estoy logé en vn coin du village, ouye l'alarme, montay à cheual, & mis le plus que ie pouuoy ensemble, ascauoir seize cheuaux, entre lesquels estoit Iean Baptiste Appian de Naples, qui par cas fortuit estoit venu ceste nuict loger chez moy, dont accompagné de luy & de Thomas Ruthen, mon Lieutenant ieune-homme de grande valeur, i'allay trouuer l'ennemy, qui victorieux, des la place s'auançoit vers mó quartier, & auec ces seize cheuaux, nous luy donnasmes si resolue charge, que nous le reboutasmes & mismes en fuite: & Monf. d'Humiers laissant la bonne proye qu'il auoit faite, se sauua à pied, blessé d'vn coup de balle en l'espaule, & y demeurerent cinq ou six morts, & autant de blessez sur la place. Ie pouuoy bien, estant à l'escart, & monté à cheual, me soustraire du danger, & peut-estre, aussi sans blasme, soubs protestation de laisser vne chose desesperee, pour aller defendre les autres quartiers prochains, afin qu'il ne leur aduint de mesme: couleurs qui d'aucuns seroyent facilement admises: mais trouuant plus conuenable de cercher, que de fuir, l'occasion d'entreprises courageuses, par lesquelles i'estoy monté iusques à tel degré: i'aymay mieux me hazarder à tel exploict.

Aucuns sont accoustumez de faire sonner en lieux suspects le boutte-selle à minuict, comme si cela seruoit pour tenir les gens tousiours prestes; chose qui pour vne fois ou deux faisant semblant que l'ennemy est aux portes, ou qu'on voudroit partir à telle heure, pourroit bien succeder: mais qui estant ainsi continuee, pourroit aussi apporter plus de dommage que de profit, le soldat s'y accoustumant en sorte qu'il n'en tiendroit plus de conte; & quand on sonneroit l'alarme, pensant que ce fut le boutte-selle ordinaire, ou ne se bougeroit, ou bien y iroit fort lentement. Dont il me semble le meilleur, que le Capitaine, qui se doit plus attenir à la substance, qu'à l'apparence des choses, sans esgard de la commodité de loger les gens à couuert, apres les auoir refraischis & reposez vne heure ou deux, les face sortir en campagne, donnant ordre, que chascun soldat aye chez soy quelque peu d'auoine & autres refraischissements; & mette les sentinelles & corps des gardes, comme il luy semblera plus conuenable, sans ouyr les murmures des soldats malcontens.

Mais s'il y eust de la pluye & tempeste, ou autre telle necessité qui côtraignist le Capitaine de tenir ses gens à couuert, pour ne point causer la ruine tant des hômes que des cheuaux, alors pour tenir ses gens tousiours prestes, il vsera de la diligence suyuante; Ascauoir, que les sentinelles & corps des gardes, mises, & enuoyé les auant-coureurs pour battre & descouurir les chemins, & les gardes extraordinaires adiointes, comme auons dit, aux estendarts, il commáde aux officiers particuliers, que par heures certaines, chascun d'eux alle par le quartier frappant aux portes, appellant & esueillant les soldats, & leur enioignant

ſoignant de faire ſeller leurs cheuaux. Et de là, à autre certaine eſpace
de temps y retournera vn autre officier faiſant le meſme, voire entrant
meſme dedans, pour voir ſi les cheuaux ſont ſellez & les ſoldats armez,
pour chaſtier ceux qui ne s'auroyent acquis de leur deuoir. Le Furier
maieur & les mineurs, repartiront auſſi la nuict entr'eux en ſorte, qu'il
y ait touſiours quelcun d'eux à viſiter les gardes & les quartiers. Le
chef auſſi des gẽs, ſe doit laiſſer voir aux meſmes viſites, ſe faiſant ouyr
en parlãt tantoſt auec l'vn, tantoſt auec l'autre, à haute voix. Car le ſoldat ſentant ſon officier vigilant, & à cheual, quoy que pareſſeux & pe-
10 ſant, s'eſueillera auſſi: & tant que l'officier eſt plus grand, tant plus vif &
poignãt ſera auſſi l'eſguillon qui le pouſſera. Les logis qui ſont en pays
large & plain, auſquels l'ennemi ſe peut approcher de toutes parts, ſont
eſtimez mal ſeurs, d'autant que les forces de celuy qui les garde, ſont
trop diſtraites, & ſemble quaſi choſe impoſſible, d'y obſeruer toutes les
aduenues, principalemẽt ſi l'ennemi a bonne cognoiſſance dudit pays.
En ceux la donques il y faut auſſi appliquer quelques regles extraordinaires. Or le ſtile & diligences en ſemblables lieux, comme en Artois,
en France & la prouince dite la Champagne, i'ay moy meſme vſitees,
me ſemblẽt le meilleur & vnique remede, en ſemblables cas: Aſcauoir
20 que les entrees des chemins gardees, pour y retenir quelconque troupe, & fait des ſorties nouuelles, cõme auons dit deſſus, ie me ſuis gouuerné auec les ſentinelles & auant-coureurs en la maniere ſuyuante.
A deux ou trois cent pas du village, ie mettoy les ſentinelles reſpondã-
tes touſiours l'vne à l'autre, cõme en vne couronne tout à l'entour d'i-
celuy, & icelles non pas ſelon l'accouſtumee, aux aduenues principa-
les, ou pres des voyes, mais cheminantes continuellemẽt l'vne deuers
l'autre, cõme ſi elles vouloyẽt changer de lieux. Par lequel mouuemẽt
on aſſeuroit le tout, en ſorte que perſonne n'y pouuoit paſſer ſans eſtre
veu. En apres, ceux qui battoint les chemins, auãcez encor autres trois
30 cent pas hors ceſte couronne, s'eſpardoyent de l'vn & de l'autre coſté
par la campagne, où ſe tenãs coys, eſcoutoyent s'ils entendroyent l'approche de quelques gens: & s'auançoyent aucunesfois iuſques aux
portes des garniſons douteuſes, & vſoyent d'autres diligences que ie-
ſtimoy pouuoir reuenir à quelque profit.

Il y a encor vne autre ſorte de garde, de nouuelle inuẽtion, mais qui
n'eſt de ce diſcours, cõme ſeulement vſitee quand la Caualerie & infanterie ſont conioinctes en vn meſme camp. Toutesfois pour rendre
ces diſcours plus accõplis i'en diray quelque choſe: aſcauoir, que ceſte
garde ſe fait au camp, recommandee aux hõmes d'armes ou Raittres,
40 quand ils y ſont, & en leur defaut à la cauallerie legere: eſt ordonnee &
repartie par le Maiſtre du camp general, de ſorte que le Commiſſaire
general, ou ſes officiers, ne s'en meſlent, ſinon d'enuoyer le nombre
de cheuaux, qu'on y demande. Il eſt bien vray, que le camp ſeiour-
nant pluſieurs iours en vn lieu, le Commiſſaire general eſt tenu de viſiter tous les lieux deſdites gardes, & ne les trouuant aſſez aſſeurees, aìns
expoſees à quelque danger, en faire ſelon ſa charge le rapport au Mai-
ſtre de camp, ou au Capitaine general, l'aduertiſſant, que puis qu'il ſe
faut ſeruir de ceſte garde, d'y donner promptement le remede requis.

Ce qui suffit quant à la matiere d'asseurer le quartier. Venons à la troisiesme partie principale de ce liure , ascauoir au moyen d'assaillir le
quartier. Car comme les choses contraires sont de mesme consideration , on en entendra mieux les defenses , estant aduerti de toutes les
manieres de l'offenser.

*Lieu de la quatriesme Figure.*

10

### 4. *Figure.*

Comment vn quartier en pays ouuert de tous costez est asseuré de nuict : quand il n'y auroit des gens suffisantes pour garder toutes les aduenues en
vn lieu si ample.

A  *Garnison ennemie.*                                                          20
B  *Trouppe d'arquebusiers auancee afin que personne n'en sorte sans*
    *estre senti.*
C  *Auant-coureurs tant lances qu'arquebusiers , espars de tous co-*
    *stez, pour garder les aduenues , & s'vnir à proportion si l'en-*
    *nemy suruenoit.*
D  *Sentinelles arquebusiers cheminants autour du quartier vers la*
    *main droite.*
E  *Sentinelles de lances qui cheminent vers la main senestre à l'en-*  30
    *tour du quartier.*
F  *Lieutenant des lances qui charge les sentinelles de l'autre part.*
G  *Caporal conduisant vne trouppe pour changer les sentinelles, &*
    *fait auancer la sentinelle* M, *afin que celle de* D *arriue en*
    *temps à la trouppe , afin qu'il ne soit besoing de courir apres.*
H I  *Deux trouppes sorties en mesme temps, dont l'vne tourne à la*
    *main droite, l'autre à la senestre pour se venir à rencontrer.*
M N  *Les trompettes allants deuant lesdites trouppes pour sonner*  40
    *l'alarme, s'il fut de besoing.*
O  *Corps-de-garde de lances, qui gardent les aduenues larges.*
P  *Corps-de-garde d'arquebusiers, qui gardent les aduenues estoi-*
    *ctes.*

CHAP.

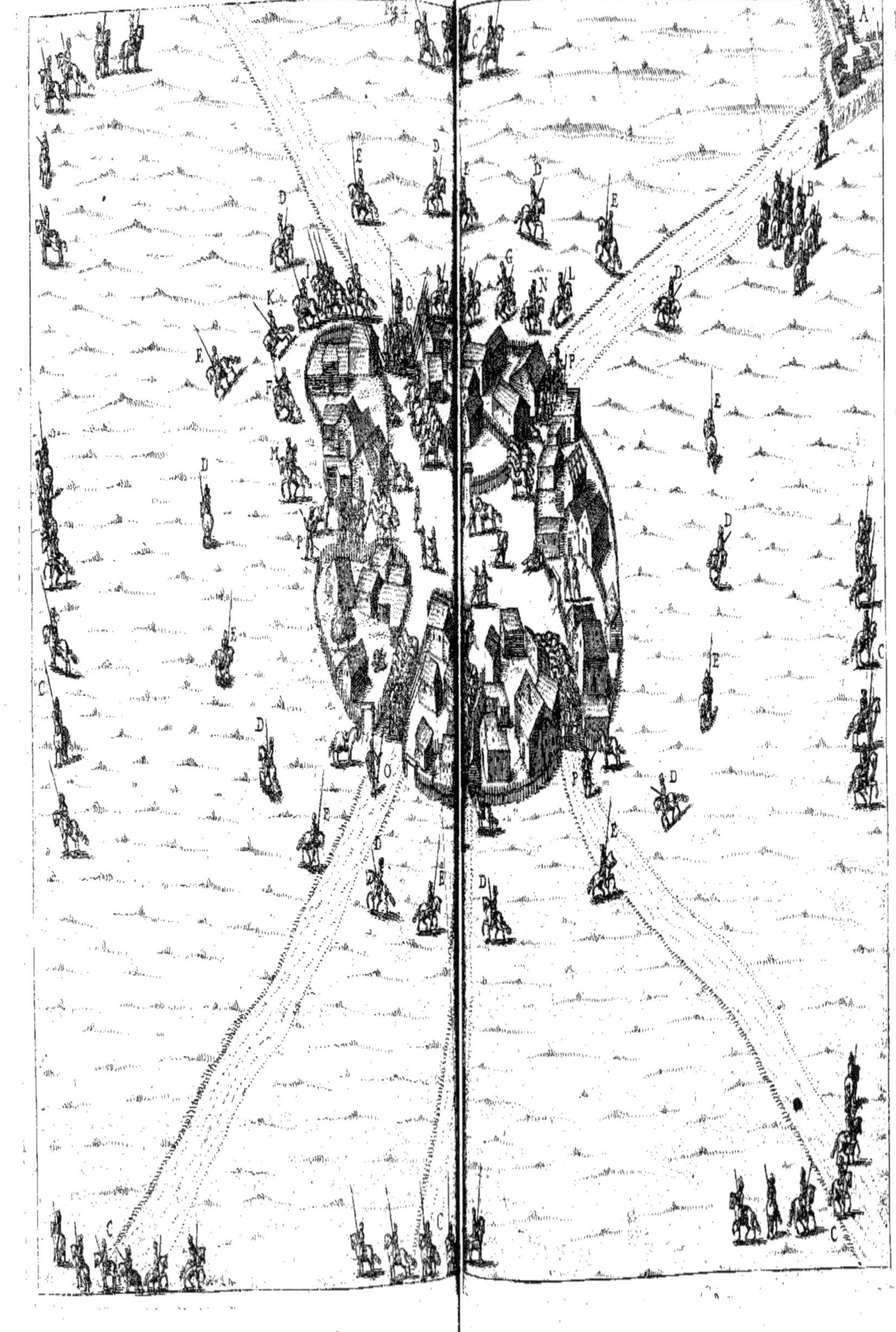

## Chap. XI.

### *De la maniere d'assaillir vn quartier.*

LE Capitaine desireux de s'acquerir honneur d'vne entreprise sur
vn ennemi beaucoup plus fort que luy, s'addonnera tousiours à ce
parti de l'aller assaillir au quartier, qui est & la plus seure, & la plus belle de toutes les autres.   Le fait en consiste en ces poincts.

Principalement qu'il procure d'auoir bonne cognoissance du vil- *Information pour celuy qui veut assaillir le quartier.*
lage & de toute la contree; car c'est celle qui luy donne instruction par
où il la doit attaquer.   Et trouuant que cela se peut faire auec vn petit
tour, aux espaules, ou aux flanqs; qu'ils s'asseure, que s'il y a de la negligence au camp, elle se montrera en cest endroict estre plus grande;
semblant ordinairemēt aux officiers peu aduisez & experts, que ayant
mis quelque corps-de-garde, & sentinelle vers le front, ou autres aduenues accoustumees, ils ont bien fait leur deuoir.

En aprés, ne pouuant par autres voyes & moyens entendre, quelles *La cognoissācē du naturel du chef ennemy, de grande im-portance.*
sont les diligences en ses gardes, on en fera coniecture des qualitez du
chef, considerant quelle en est la suffisance: & est de grande importance qu'on sache, s'il est soldat ou non; s'il est superbe & hastif, ou bien,
vn homme remis, & qui se laisse conseiller. Et de fait, l'ignorance con-
iointe auec vne certaine fureur naturelle, attire coustumierement
l'homme, & principalemēt celuy qui se fait superieur en forces, à mes-
priser son ennemi : estimant qu'il y va de sa reputation, si se seruant de
tant d'ordres & cautelles, il montre d'en tenir quelque conte ou de le
craindre.

Ayant donc fait sur ces fondements la resolution de l'attaquer, on
obseruera principalement deux choses.   La premiere, de tascher de
faire ses approches, le plus prés du village, qu'il sera possible. La seconde, d'empescher l'ennemi, qu'il ne se puisse vnir pour faire vn corps.

Pour le regard de la premiere: La premiere trouppe s'auancera, sans *Ordre pour as-saillir vn quar-tier.*
aucuns auant-coureurs le plus secretement qu'elle poutra. Et aussi tost
qu'elle sentira, qu'elle est descouuerte, sans perdre vn seul poinct de
temps, elle chargera les sentinelles, pour entrer auec icelles, & surpré-
dre le corps-de-garde, deuant qu'il puisse monter à cheual.   Pour la
seconde: Il y faut vn bon repartiment des trouppes, & tresexquise exe- *Repartimēt des trouppes pour assaillir vn quartier. Retenue des sol-dats en l'assaut d'vn quartier, necessaire. Proportion du nombre des en-nemis à celuy de l'assaillant. Office de la pre-miere trouppe.*
cution de tous les ordres donnez : entre lesquels cestuy ci, de tenir les
soldats ensemble, & que de nuict, qui leur en oste toute la honte, ils ne
s'addonnēt au butin, est bien le plus difficile, & toutesfois aussi le plus
necessaire. Afin que le repartiment soit bien fait, il faut scauoir la proportion du nombre des ennemis, aux siens : comme pour exemple,
qu'il y ait mille cheuaux au quartier, & l'assaillant n'en ait que cinq
cent. Il les ordonnera en cinq trouppes; la premiere desquelles, entree, que, selon qu'auons dit, elle sera au quartier, & defait le corps-
de garde, passera de là vers la place, resolue de soustenir toute resistan-
ce qu'elle y trouuera. Et si elle la peut aussi defaire, elle courra plus a- *Office de la se-conde.*
uant, mettant tous les corps qu'elle rencontrera en desordre.   La se-
conde trouppe, sentant le quartier estre inuesti, la suyura de galop, &
bien vnie iusques à la place : en laquelle ne trouuant aucune resistan-

D

ce, comme il est vray semblable, elle enuoyera certain nombre de cheuaux, qui courants toutes les rues, empescheront que personne ne sorte des maisons pour monter à cheual. La troisiesme trouppe suyura
peu à peu, mais bien vnie, la piste de la precedente, iusques à ladite place : ou la quatriesme aussi estant arriuee à mesme pas, elle l'y laisse, se
tournant vers le lieu où elle sentira plus de bruit. Cependant la troisiesme ne bougera de la place, iusques à ce qu'elle soit asseuree de
l'entiere defaite de l'ennemy ; laquelle puis qu'on est venu à ces termes ne peut faillir : veu que pour crainte de ceux qui courent les
chemins, les soldats n'osent sortir pour s'vnir en quelque corps, chascun cerchant plus d'eschapper en secret par les iardins, qu'à s'armer &
monter à cheual, principalement se trouuant en tel tumulte abandonné du valet. Et encor que quelques vns s'vniroyent, si ne seroyent-ils
suffisants pour gaigner la place, & la defendre : voire n'y aura moyen,
ne de donner, ne d'executer les ordres qui les pourroyent autrement
remettre. La cinquiesme trouppe donques coniecturant, par ce que
le bruit s'assopit, qu'il n'est besoing d'y entrer, se diuisant en deux, en-
uironnera le village par dehors, afin que les gens ne se sauuent à pied.
De quoy ie racconteray vn exemple. L'an 1574. le Seig. de Hierges, e-
stant passé en l'isle de Boramel auec quelque nombre tant d'infanterie
que de cauallerie, pour faire degast aux chãps, & ayant eu langue de la
venue de l'ennemi auec deux mil infants & six cents cheuaux, iugeant
n'estre expedient de l'attendre, repassa la Mose deuers Brabant : & de
là se tourna auec la pluspart de ses gens vers Nimege ; & l'ennemi s'arresta vis à vis, au village de Driel. Or le Capitaine Nicolas Basta, mon
frere, qui estoit pour lors auec sa compagnie de cheuaux en garnison
de Bolducq, s'imaginant que par la retraite du Seig. de Hierges, l'ennemi ne seroit en Driel si bien sur ses gardes qu'il deuroit, se resolut de
passer, la nuict suyuante, la Mose, & essayer sa fortune. Pour cest effect donques il print cinq cent Wallons, restez de l'infanterie en la
contree de Bolducq, & trois cents Allemands de la mesme garnison,
par dessus sa compagnie, & passa le fleuue sur le soir, & marchant apres
minuit auec la compagnie de cheuaux à l'auant-garde, il rencontra
deux sentinelles à cheual, desquelles il tua l'vne, & chargea l'autre de
si pres, qu'auec icelle il entra au village. Chose qui, comme non attendue ne pensee, causa telle terreur & espouuantement de l'ennemi, que
il se mit en desordre, & l'infanterie y suruenant, il fut dutout defait, &
la pluspart taillée en pieces, auec perte quasi de toute la cauallerie, &
de quelques pieces de campagne, qui furent introduites en Bolducq.
I'en racconteray vn autre mien à mesme propos, priant, comme i'ay
fait en la Preface, qu'il ne me soit imputé à ostentation, ains seulement
au desir que i'ay d'aider & enseigner autruy. Le Comte de Meurs,
ayãt leué certaine quantité de Raittres en faueur du Truxes, Electeur
de Coulogne, estoit logé sur le Rhin pres de Ordingen, auec grande
crainte & soupçon, de ce qui luy aduint en apres, dont ses gens veil-
loyent toute la nuict à cheual, & bien sur leurs gardes, & le iour venu,
ils se retiroyent à reposer, y laissant seulement les sentinelles. De quoy
informé, ie pris resolution de l'aller assaillir de iour ; & le mis si prom-
ptement

premét en effect, que i'entray pesle-mesle auec les sentinelles, de sorte
que ces gens n'ayans loisir de monter à cheual y furent dutout destrui-
ctes & defaites, sans que de quatre cents qu'ils estoyent, vn seul homme à cheual se peut sauuer.

Il y a encor vne autre maniere d'assallir le quartier, peut-estre non 
moins belle & facile que la susdite. Deuant toutes choses, le Capitaine taschera de s'informer, le camp de l'ennemy se mouuant, en quel
lieu il pretend de se loger sur le soir, & quels seront les quartiers de la
Cauallerie. Chose qui n'est trop difficile de scauoir, parce que d'ordinaire, on publie le soir deuant que le camp se leue, où c'est qu'on pense loger le iour suyuant: mesmes il le pourra coniecturer, s'il a quelque cognoissance du pays. En apres il faut qu'il sache & considere le
nombre & de la cauallerie ennemie, & de la sienne: & combien qu'il
y en ait de la moitié plus du parti contraire, si ne faudra il d'y entrer,
moyennant que la chose y soit bien conduite. Qu'il prenne aussi garde au temps, & le repartisse si iustement, qu'il puisse arriuer sur l'ennemi sur le soir, les gardes n'y estant encor disposees, ne les ordres necessaires donnez. Et si la distance estoit telle, que pour y arriuer à tel
temps il fut besoing de cheminer cependant que l'ennemi aussi chemine: il sortira du quartier le plus secretement qu'il sera possible, fai-
gnant aller à quelque autre effect, & prendra aussi mesme vn autre
chemin, diuers de celuy qui le conduit droict à l'ennemi: & en estant
esloigné autant que luy semblera suffire, il se tournera vers iceluy pour
luy estre au costé, le plus loing & couuert qu'il pourra, & regardera de
ne point faillir l'heure susdite, qui est la plus propre, pour trouuer l'ennemi à la despourueue. Mais il y faut estre aduerti de deux choses.
L'vne, que le pays par lequel tu chemines te soit ami: & l'autre, que tu
ayes plus d'vn espion en la cauallerie ennemie, afin qu'icelle s'apperceuant de ta venue, ne se puisse toutesfois mouuoir sans ton sceu: ayāt
assigné le lieu aux espions, auquel, pour cest effect, ils te trouueront.

Des choses dites, on voit que c'est vne proposition tref-certaine,
que les diligences d'vn Capitaine, pour asseurer les quartiers, ne sont 
iamais telles, qu'elles puissent estre estimees superflues, supposant l'ennemi estre homme desireux de s'acquerir honneur, & qui en cerche
toutes les occasions, non seulement par moyens ordinaires, mais aussi par autres de nouuelle inuention, & fors des regles accoustumees:
qui sont vrayement ceux qui apportent vn honneur perpetuel, & mesme reussis au contraire, tesmoignent toutesfois le courage genereux,
& prompt aux entreprises difficiles. A ceci donques, qui a vn tel ennemi ( ce que chascun se doit imaginer du sien, afin qu'il ne se trouue
trompé ) il ne suffit de se tenir sur ses diligences ordinaires: ains il faut
que continuellement il considere son estat, comme, quand, & en quel
endroit, il pourroit estre endommagé par quelque faute, pour y appliquer le remede requis. Et sur tout qu'il ne se trompe, en pensant qu'il 
a plus de forces, ou que l'ennemi est bié esloigné, ou qu'il n'ait le cœur
de l'assaillir; ains qu'il s'attienne touiiours à sa vigilance & bons ordres: estāt touiiours chez l'ennemi, de venir quand il luy plaist; de sorte que celuy qui en pense estre esloigné, s'en trouue souuent assailli.

Auantage de si grande importáce, que ie ne scay si celuy qui le pese cõme il appartient, dormira tout son sommeil, comme celuy qui doibt rendre bon compte de toutes ses actions. Et d'autant que la conscience est vn ver qui ronge tousiours, tu l'admettras seule en ton conseil, sans te soucier des murmures des soldats, lesquels, tant plus que tu leur promets, tant plus ils demandent, comme ceux qui ont plus desgard à leur commodité qu'au debuoir. Ioint que par ce moyen tu les tiendras en bonne discipline. Car combien que ce poinct semble auoir quelque difficulté, comme aussi il emporte en partie l'amour des soldats: si faut il scauoir, que quand le soldat voit son officier faisant son deuoir, il deuient aussi tres-maniable. Et comme quelque braue dessein te reussissant heureusement tu en as la gloire; ainsi en seras tu aussi à bon droit blasmé, si par ta negligence quelque malencontre te suruient: dont non seulemét serois tenu d'en rendre conte à ton Prince, mais aussi à Dieu, de ce que par ta lascheté tu aurois perdu les gens recommandez à ta charge. Lesquels autrement defaits par force, ne sont estimez perdus.

*Lieu de la cinquiesme & sixiesme Figure.*

*5. Figure.*

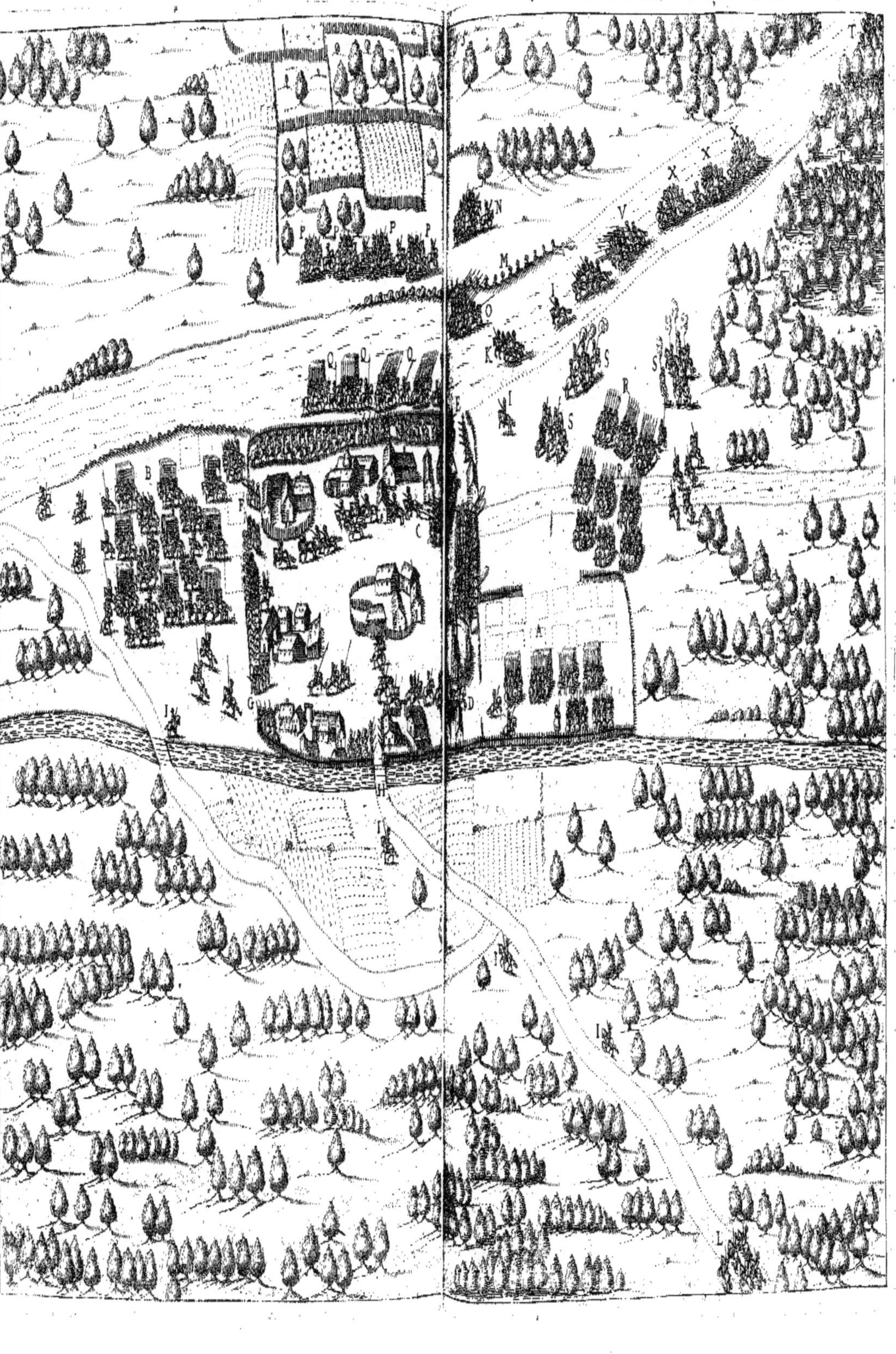

## 5. *Figure.*

Le quartier monſtré en la ſeconde Figure , d'enuiron 600.
cheuaux, lequel aſſailli & trouué en armes en la maniere qu'on voit, fait retirer l'ennemi. Mon-
ſtrant auſſi comment l'ennemi ſe
retire ſans perte.

A Place d'armes aux eſpaules , deuênue front , à laquelle les gens accourants ſont
de main en main ordonneℤ.

B Place d'armes à l'eſpaule en laquelle les officiers reçoyuent & ordonnent les
trouppes.

C La place du village auec ſon corps-de-garde en armes.

D Sortie par laquelle on court à la place d'armes A.

E Chemin ouuert , gardé de la trouppe O ſortie en campagne : vn corps d'arquebuſiers y eſtant entré en la place.

F Ouuerture pour ſortir vers la place d'armes B, où ayant eſté en garde, l'auant-
garde de la trouppe Q, les arquebuſiers, comme deſſus en E, y ſont entreℤ
en la place.

G Chemin ouuert, qui ayant eſté gardé de lances, des arquebuſiers s'y ſont mis en
place d'icelles.

H Pont deuers les champs gardé d'vn corps d'arquebuſiers.

I Sentinelles qui ſe retirent deuers leurs corps-de-garde.

K Cheuaux, qui mandeℤ pour recognoiſtre l'alarme, retournent volants.

L Auant-coureurs ſe retirants au quartier.

M Arquebuſiers qui à pied flanquent le chemin , & les lances O & Q, & tirent contre les trouppes V, X.

N Arquebuſiers qui de l'autre part du chemin flanquent la trouppe de lances O.

O Trouppe de lances qui eſtant de garde au chemin ouuert E, eſt ſortie en campagne pour rencontrer l'ennemy.

P Trouppe d'arquebuſiers , qui auſſi de l'autre part du chemin flanquent la troupe Q.

Q Trouppes qui des premieres arriuees à la place d'armes, ſont enuoyees pour
rencontrer l'ennemi V, X.

R Trouppes de lances, qui ſorties de la place d'armes A, vont attaquer l'ennemi
au flanq.

S Arquebuſiers qui eſpars flancquent leſdites lances, & tirent contre l'ennemy V, X.

T Embuſche que l'ennemi laiſſe pour aſſeurer ſa retraicte.

V Premiere trouppe de lances ennemies , qui vient aſſaillir le quartier, & charge les auant coureurs L pour entrer quant & eux par le chemin E.

X Trouppe de cuiraces, qui ſeconde la premiere pour entrer au quartier.

## 6. Figure.

Representation du desordre & confusion d'vn quartier, qui
assailli n'est trouué en armes : & le bon ordre de l'af-
saillir, auec cinq trouppes.

A  *Place d'armes pour le iour.*     B  *Place d'armes pour la nuict.*

C  *Place ordinaire du village, où il y auoit eu vn corps-de-garde*
    *de lances.*                                          10

D  *Chemin ouuert gardé des lances* R.

E  *Corps-de-garde d'arquebusiers qui du haut de l'Eglise defendĕt*
    *l'entree de la place d'armes* A.

F  *Ouuerture pour sortir à la place* B, *où estoit vn corps de garde de*
    *lances, qui s'est acheminé vers la place d'armes.*

G G G  *Trois corps-de-garde pour la defense des chemins clos par*
    *des chariots.*

H  *Officiers qui sont en la place d'armes pour receuoir & vnir les gĕs.*  20

I  *Lances qui estoyent en la place* B.

K  *Arquebusiers qui estoyent en la mesme place* B.

L  *Sentinelles qui se refugient en la mesme place* B.

M  *Premiere trouppe ennemie des lances, laquelle meslee auec les a-*
    *uant-coureurs & sentinelles, & ayant defait le corps-de-*
    *garde, passe à la place du village* C.

N  *Corps de garde de lances, qui de la place* C *rencõtre la troupe* M.

O  *Seconde trouppe ennemie de cuiraces, qui secondant la premie-*
    *re, est desia entree par l'embouscheure.*                    30

P  *Quelque peu de lances, qui rencontrent les cuiraces* O.

Q  *Trouppe ennemie de cuiraces, qui vient entrer par l'ouuertu-*
    *re* D, *& cognoissant le dessein du corps-de-garde de lan-*
    *ces* R *de l'inuestir par le flancq, & qu'à ceste raison il s'y*
    *faut eslargir, le chef laisse le soing d'en soustenir la rencontre à*
    *vne partie de cuiraces, & passe auec le reste sans aucune per-*
    *te de temps, & y penetre iusques à prendre le corps-de-garde*
    *N par l'espaule.*                                         40

R  *Corps de garde de* D *sorti en campagne pour rencõtrer l'ennemi.*

S  *Quatriesme troupe ennemie qui secõde la troupe* O *pour entrer.*

T  *Soldats ennemis qui ont applani le bord du fossé, afin que leurs*
    *trouppes y puissent passer & repasser à l'aise.*

V  *Cinquiesme troupe ennemie, qui ayant passé par* T, *court par le*
    *flancq du village vers la place d'armes* B.     X *Les fuyants.*

DV GOV-

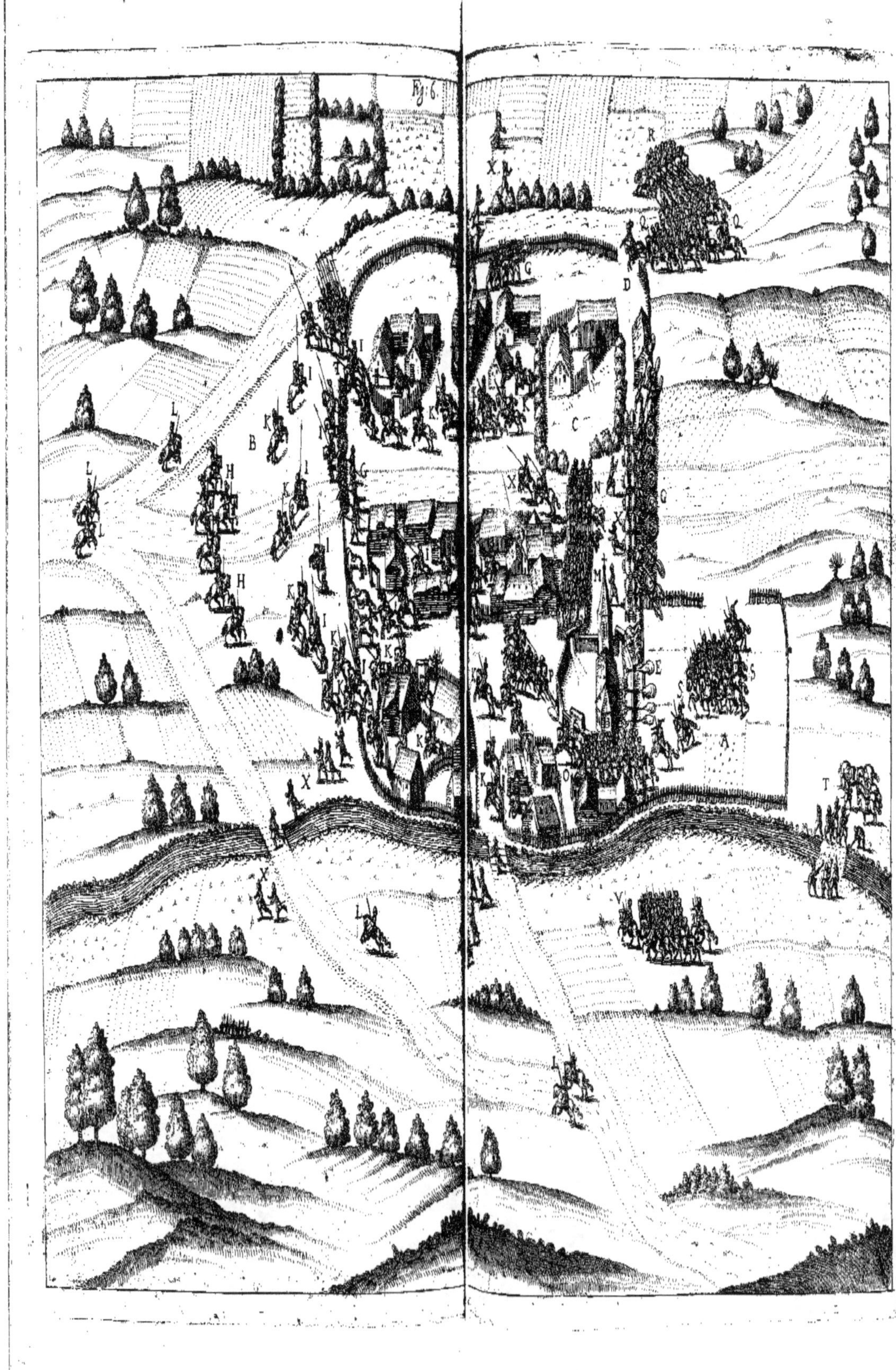

Fig. 6.

# DV
# GOVVERNEMENT
## DE LA CAVALLERIE LEGIERE
### LIVRE TROISIESME;

### Auquel est traitté du marcher d'icelle.

ES bonnes ordonnances au marcher depend aussi la bonne & prompte disposition des plus dangereuses batailles, qui sont celles qui par force se font subitement sur le chemin, comme subiettes à plusieurs accidens, principalement du lieu & du temps, de sorte qu'il y a aussi plusieurs aduertissements necessaires, lesquels tant pour les traicter par bon ordre, que pour amour de briefueté, i'ay recueilli en ces trois poincts principaux, parlant premieremẽt des choses qu'on doit considerer deuant que les gens se meuuent, Ascauoir

De cognoistre le chemin qu'on doit faire, & auoir langue de l'ennemy.

Apres, De condire les gens au rendez-vous ou place d'armes, où sera traicté des ordres qui y sont donneʒ : du gouuernement du bagage, & encor quelque chose des soldats.

Pour le troisiesme, de la distribution particuliere du train au chemin : où nous parlerons des auant-toureurs, de l'ordre des trouppes en pays large, tant de iour que de nuict ; & finalement, comment les mesmes trouppes sont conduictes par pays estroit ; concluant ce liure auec vn aduertissement tresutile, du repartissement des lieux & rangs, des capitaines pour quelque cheuauchée extraordinaire.

*Le bon ordre au marcher cause les victoires és rencontres subites.*

*Partition de ce liure du Marcher.*

---

## CHAP. I.

*Qu'on doit auoir notice du chemin, & comment on l'acquerra.*

V liure precedent il a esté dit, de la necessité & de la difficulté qu'il y a à recognoistre vn pays, contrée ou lieu, & que cela ne se peut bien auoir des mappes ou cartes trop generales, qui ne representent toutes les minutez necessaires pour cest affaire ; & mesmes aussi souuent bien fausses, le mesme dis-ie à present, en ce qui concerne la cognoissance d'vn chemin qu'on auroit à faire. Bien peut-on en general y remar-

*L'information du chemin ne se peut prendre à suffisance des cartes.*

quer vne montagne, campagne, bois, riuiere, & ville, ou autres telles choses, auec la distance de l'vn à l'autre, respondante à peu pres : mais pour en estre asseuré, il y faut auoir personne, qui de la bonne practi-que & cognoissance qu'elle a du pays, y puisse expliquer & monstrer toutes les particularitez requises, comme des chemins royaux, des tra-uerses, s'il y en a vne ou plusieurs, s'ils sont libres, plains & larges, ou s'ils sont estroicts, montagneux, ou empeschez de passages difficiles; des fosses & fleuues, s'il y a des ponts, ou non : & s'il y en a plusieurs, quel est le plus court, plus seur, ou le plus exposé aux aduenues de l'en-nemy, ou plus cõmode pour le bagage. S'il y a les choses requises pour le logis, comme le fourrage, & l'eau : & autres telles particularitez, qui au marcher doiuent estre considerées.

*Quelle asseu-rance on doit auoir du che-min par lequel on veut mar-cher.*

Les marchants qui tous les iours battent les chemins, y ont bien sa-tisfait aucunesfois : mais le moyen ordinairement vsité, est d'auoir tousiours quelque paysant, principalement des villageois, tant practi-quez en la campagne, qu'ils y peuuent rendre conte d'vne fosse, d'vne haye, & de tout ce qu'il y a en la contree.

*Marchans ont bien quelque cognoissance des chemins, mais les villa-geois l'ont plus particuliere.*

C'est donc du deuoir du Capitaine de campagne, d'en auoir quel-qu'vn, voire s'il est possible, bon nombre, pour en estre bien conduit, non seulemẽt pour estre plus asseuré de la verité, les confrontant sou-uent ensemble, mais aussi, pource que marchant de nuict, on en a be-soin de plusieurs, comme nous montrerons en son lieu. Ces guides ordinairement, afin que, (ce qu'ils font volontiers s'ils peuuẽt eschap-per) ils ne s'enfuyent, sont menez liez, ou pour le moins, donnez en garde à quelque soldat : & leur propose-on la recompense, s'ils font leur deuoir, ou bien le chastiment, s'ils conduisent mal.

*Capitaine de campagne fait prouision de guides.*

*Guides com-ment doiuent estre entrete-nues & trai-ctées.*

Sur tels fondements le Capitaine se pourra facilement resoudre à prendre le meilleur party, pour occuper les passages & aduenues, & se pouruoir en sorte, que preuenu en aucuns de l'ennemi, il ne puisse e-stre endommagé, & conceuoir tous les moyens de s'asseurer le che-min. En quoy le pouuant beaucoup aider, voire estant vne chose ne-cessaire, d'auoir tousiours les nouuelles de l'ennemy, i'en traicteray au chapitre suyuant.

*Au marcher on doit occuper les passages & se pouruoir qu'on ne soit endommagé de ceux que l'en-nemy auroit preoccupé.*

---

## Chap. II.

### *De prendre langue.*

LE bon Capitaine doit auoir deux fondements de ses actions, l'vn, de cognoistre ses propres forces, & ce qui luy defaut, sans se laisser tromper, & s'asseurant que l'ennemi les pourroit aussi bien entendre, dont il pensera tousiours au moyen d'y remedier, si l'ennemi y suruint. L'autre est de s'asseurer de la condition & estat de l'ennemi, des commoditez ou necessitez, des conseils ou desseins qu'il pourroit a-uoir, chose qui engendre plusieurs occasions, desquelles en apres les victoires naissent. Et pource qu'on ne peut tousiours auoir la commo-dité des espions : on cerche en leur place de prendre quelqu'vn des en-nemis, duquel on puisse tirer la relation de l'estat de l'aduersaire. Et

*Le Capitaine doit cognoistre ses defauts, & ne se doubter que l'ennemy aussi les sçait, pour y pouuoir remedier prom-ptement.*
*Le Capitaine doit sçauoir tout ce qui se passe chez l'en-nemy. Et com-mẽt on en vient à bout.*

c'est

cest exploict, nous l'appellons *prendre langue.* C'est vn office de grande importance, dont dependent les deliberations qu'on a à faire, afin que elles ne soyent vaines. Il est aussi de non peu de danger & trauail. 

Or pour l'effect, il conuiet qu'vne trouppe de quinze ou vingt che-uaux, pour le plus, veu qu'en plus grand nombre ils ne se peuuent si facilemet cacher & retirer, s'accoste au camp de l'ennemi, & si tienne souuent, plus d'vne nuict, pour y surprendre quelqu'vn. On y enuoye des arquebusiers, côme plus legiers & prompts, (non des lanciers) qui doiuent estre ieunes & bien dispos, non seulement pour pouuoir re-10 sister au trauail & autres difficultez, mais aussi pour mettre subitement pied à terre & remonter gaillardement. Il faut aussi qu'ils soyent bien montez, pour se pouuoir tant plus courageusement hazarder, tant à faire la prise assez voisine, qu'à s'arrester pour couurir & defédre leurs compagnons, si apres la prise ils estoyent chargez, ou autrement enga-gez. Chose qui quasi tousiours leur aduient, quand la prise se fait, pres du logis de l'ennemi, où les corps-de-garde ont tousiours leur recours aux alarmes. Dont sera expedient, pour faire la retraicte plus seure, de non seulement s'auoir choisi quelque lieu propre, comme seroit vn bois ou vne valee, mais aussi d'vser de quelque stratageme, comme de 20 laisser trois ou quatre des mieux montez, auec vn trompette, à l'en-tree d'vne valee, ou au sommet de quelque colline, lesquels quand la charge se fait, se laissassent voir & ouyr du son de la trompette : où e-stat chose ordinare de vouloir recognoistre tout ce qu'il y a en la cam-pagne, descouurant ceux-là comme vne trouppe nouuelle, sans dou-tel'ennemi s'arrestera auec soupçon de quelque embusche. Et entre-tant la trouppe auance chemin : & ceux qui pour ledit effect sont se-parez, se peuuet aussi retirer ou vn à vn, ou ensemble, selon que l'occa-sion & le lieu permettra. l'ay souuent vsé de cest artifice, duquel aussi on se peut seruir en autres occasions, comme aux retraictes, esquelles 30 l'acquisition de quelque auantage consiste en ce qu'on donne quel-que soupçon à l'ennemi.







Ceux donques qui vont prendre langue, porteront sur eux quel-que refraischissement tant pour eux que pour leurs cheuaux : & là où ils trouuerôt quelque ombre d'arbres, ils s'y pourront refraischir, met-tant entretant des bonnes sentinelles. Si le camp, de l'ennemy mar-marche, ils luy marcheront aux costez, ou bien hiront tournoyant à la queue ou au front, selon qu'ils verront la commodité de se couurir, obseruant diligemment si aucun se desbande. De nuict, ils s'accoste-ront au camp pour surprendre quelque sentinelle, ou se ietteront sur 40 quelque maison prochaine, où ordinairement quelques desbandez sont reduits. De iour, ils se mettront aux embusches, pour attraper quelq'vn de ceux qui vont au fourrage. De toutes lesquelles choses on voit bien clairement, & l'importance & difficulté susdite de ceste charge, autrement, pour certain, tresvtile à celuy qui doit conduire v-ne armée, tels y estant souuent surpris, dont la relation a causé grand dommage à l'ennemy, & destruction de ses desseins plus impor-tants.

## CHAP. III.

### *En quel ordre on sort de la place d'armes pour marcher.*

*Quand on doit marcher le Cõmissaire doit bailler aux capitaines leurs instructions par escript.*

LE Commissaire general, ou autre chef des gens, ayant ses informations bien fondees, se resoudra des ordres qu'on tiendra en la distributiõ des gens, & du bagage, en mettant l'instruction par escrit, afin que par ce moyen toute confusion, principalement de nuict, soit euitee, & les occasions des disputes retranchees. Desquelles il en donnera à chascun capitaine la sienne, de bõne heure, afin que le signe dõné, il cõparoisse au rendez-vous, en tel rang & lieu que luy aura esté commandé: dont le premier sera l'auant-garde, apres le bataillon & l'arriere garde. Le Commissaire general, le furier maïeur & ses aides, s'y trouuẽt tousiours les premiers pour receuoir les trouppes, & cõduire chascune en son lieu, & ce selon l'ordre qui leur aura esté donné.

## CHAP. IV.

### *De l'ordre du bagage au marcher.*

*Capitaine de campagne cõment & quand il reçoit le bagage.*

IL n'y a point de doute, que le Capitaine de campagne, debuant conduire vn si grand nõbre de chariots & seruiteurs, il en viendra mieux à bout, s'il les reçoit cependant que l'armee passe, que si les laissant tous amonceler sans ordre, il les voudroit puis apres reduire chascun en sa place. Parquoy combien qu'il deuroit marcher en l'arrieregarde, si se trouuera-il tousiours des premiers sur la place d'armes, pour l'y receuoir.

*Capitaine de campagne des premiers en la place d'armes. Ordre du bagage & lieu d'iceluy.*

Et pour le premier, marchera tout le bagage du general, ensuyui de celuy du Lieutenant: & ainsi celuy du Commissaire & autres officiers, chascun en son rang. Le lieu où il doit marcher est incertain, & est changé selon le soupçon du danger, duquel il doit estre, autant que possible, esloigné. De sorte que le danger estant à la queue, il marchera en l'auant garde: & s'il est en front, il ira en l'arrieregarde.

*Autre ordre & rang en cãpagne ouuerte & sans soupçon de danger.*

Il peut aussi estre diuisé en trois parties, de sorte que chasque rang des gens, ait le sien chez soy, comme quand il y auroit peu, ou nul soupçon de danger, & en campagne large & ouuerte, où il est facile de ranger les gens, pour quelque accident subit: combien que sera tousiours le parti plus sage, de conduire tous ces empeschements vnis en vn rang, nonobstant que le mouuement en fut quelque peu plus lent & pesant.

*Pages où ils marchent, auec aduertissement des d s. ordres que se meslants entre les trouppes ils pourroyẽt causer.*

Les valets ou pages marchent aupres des chariots & du bagage, & qu'on n'endure aucunemẽt qu'ils se meslent parmi les trouppes: pource que se deuans retirer en l'occasion du combat, il y auroit tousiours de la cõfusion: de laquelle, l'ennemi suruenant, & voyant tant de gens se retirer, sans scauoir & discerner qui ce sont, en prẽdroit tant plus de courage; outre ce, qu'encor la cõmodité que les soldats en auroyent, se faisans porter quelques pieces de leurs armes, & des refraischissements plus qu'il ne conuient, seroit dangereuse à la cauallerie, qui doit tousiours estre preste pour le cõbat. il y a aucunesfois des personnes signalees & de qualité en vne cõpagnie, ausquelles on a de coustume de concede vn page, q luy porte les brassals, la lance ou l'armet, & quelque peu d'auoine pour le cheual; laquelle partialité ne se doit, princi-<br>pale-

palement en temps douteux, permettre: ains que chaſcun porte ſa lance, & l'armet en teſte ou pendu à l'arçon : & que tous les pages ſe mettent en l'arrieregarde, ſoubs la conduite d'vn officier du Capitaine de campagne. Et quand l'ennemi eſt mis en fuite, on leur donne licence de le charger, où armez de leurs eſpées, poignards, & pluſieurs de petites coignées, ils font grand dommage. Et pource que ſelon le commandement de leurs maiſtres, qui en reçoyuent pluſieurs ſeruices, ils ſe hazardent à les ioindre, principalemēt de nuict, quand il y a plus de danger; le capitaine de camp fera diligence d'en prendre quelqu'vn, & le 10 chaſtier bien ſeuerement, voire de mort, pour exemple & eſpouuantement aux autres. Et de meſme, ſi quelque piece du bagage ſe deſbande, du lieu qui luy eſt aſſigné ; ils chaſtiera les gens qui y ſont aupres, & deualiſera le charriage.

La meſme diligence eſt auſſi recommandée aux autres officiers des compagnies, & principalement au lieutenant, qui d'ordinaire ſe tient à la queue : & de regarder que perſonne d'vne autre trouppe, ou bagage ou vallet, ne s'y meſle ou trauerſe, & de reprēdre & chaſtier les ſiens, les trouuant non aſſez ioincts & retirez enſemble, principalement de nuict, quand ils vont en ſommeillant. Le meſme feront obſeruer en 20 toute rigueur, le capitaine & le porte-enſeigne cheminans à la teſte.

*Pages quand leur eſt permis de ſuyure l'ennemy.*

*Pages de quelle rigueur retenus.*

*Soing des officiers de tenir les d'flancts de trouppe à autre ſans aucun empeſchement.*

---

## Chap. V.

### *Du premier repartiment des gens.*

Retenant touſiours la premiere intention de ces diſcours, de traitter ſeulement de la Cauallerie legiere, c'eſt à dire, des lances & arquebuſiers, ſeparez de toute l'infanterie: & ſuppoſant le but de ce liure, de traitter l'ordre de ceux qui marchēt, & non point de ceux qui combattent, ( matiere reſeruee pour le liure ſuyuant) à preſent pour euiter 30 confuſion, ou tomber en pluſieurs repetitions ſuperflues, ie diuiſeray toutes les gens en trois corps, & de chaſcun d'iceux, auec la diſtinctiō de leurs exploicts i'en montreray les differences, afin qu'elles ſoyent mieux cognues & reparties proprement.

Tout vn camp donc eſt diuiſé en trois corps, aſcauoir l'auantgarde, le bataillon, & l'arrieregarde, dont chaſcun comprēd pluſieurs trouppes armees diuerſement. Le corps plus expoſé à l'ennemi, & en lieu ſuſpect (qui le plus ſouuēt eſt au front) doit eſtre le plus gaillard & mieux pourueu, cōme celuy qui eſt en plus grand danger. Et c'eſt de là, que l'auantgarde eſt tāt recerchée des capitaines: pour la ſatisfactiō deſquels 40 on change les iournées, en ſorte que celuy qui cōduit auiourd'huy l'auantgarde, demain conduiſe l'arrieregarde, & l'autre le bataillon: eſtāt ainſi à chaſcun à ſon tour laiſſee l'occaſion de montrer ſa proueſſe.

*Capitaines pretendent touſiours l'auantgarde: & comment à tous eſt ſatisfait.*

Et ſi l'ennemi changeoit de lieu, de ſorte que du front il ſe tournoit à la queue : alors l'arriere garde deuenant plus honorable, cōme auſſi plus dangereuſe; le capitaine, auquel, ayant au iourd'huy cōduit le bataillō, l'auantgarde ſeroit eſcheue demain, peut demander en lieu d'icelle l'arrieregarde, qui eſt deuenue cōme le front. Dont auſſi meſme les auantcoureurs, qui precedoyent ladite auantgarde, ſe retirent deuant l'arrieregarde. Mais venons au repartiment plus particulier.

## CHAP. VI.

### *Du repartiſſement des gens en trouppes pour marcher.*

*Les trouppes diuerſemēt reparties ſelon la diuerſité des opinions des officiers.*

L A diſtribution des trouppes de chaſcun de ces trois corps, ſe faiſant en manieres diuerſes, non par neceſſité du lieu, ou par autre accident, mais par pure election & fantaſies des officiers : comme auſſi les opinions touchant les ordonnances des batailles ſont differentes, ainſi que nous dirons en ſon lieu : Nous y adiouſterons encor quelques autres differences, que les circonſtances du temps, du lieu, & ſembla- 10 bles apportent. Mais venant aux membres mineurs, me ſemble qu'il ſera bien, que ie commence d'vne petite trouppe qui precede les autres, & eſt dite Des auant-coureurs.

## CHAP. VII.

### *Des auant-coureurs.*

*Nombre & office des auant-coureurs.*

*Auant-coureurs comment & quand à redoubler.*

*Auant-coureurs inexperts cauſent grands inconueniens, de quoy quelques exemples.*

C' Eſt vne couſtume & ancienne & neceſſaire, qu'on enuoye quelque nombre de gens deuant l'armee, pour deſcouurir l'ennemi de 20 loing, & en donner aduis qu'on ne ſoit ſubitement ſurpris. Ce qui ſe fait en la maniere ſuyuante. On donne de quatre à dix cheuaux à vn ſoldat expert & accort, leſquels s'auancent de front, iuſques aux lieux eſtroicts & dangereux, & s'eſlargiſſent auſſi par les coſtez, autant que la ſituation le permet. Ceſte trouppe eſt ſecondee d'vne autre, tant pour ſe reſpondre l'vne à l'autre, que pour aſſeurer la premiere, qu'elle ne ſoit retranchée des ennemis, qui ne s'y entremettront facilement, ſi la ſeconde ſe monſtre en temps. Ce n'eſt donc du meſtier de chaſcun, veu que les plus experts s'y trouuent aucunesfois trompez. Curion s'en eſt bien apperceu en Afrique, auquel eſtant referé de ſes a- 30 uant-coureurs, qui n'auoyent deſcouuert que l'auant-garde, que l'ennemi eſtoit de peu de forces, ſe laiſſa tirer en bataille, auec la perte & de l'armee, & de la vie. Conſide, perſonnage de grand credit aupres de Ceſar, referant que, ſelon qu'il vit des armes & enſeignes, les Suiſſes s'eſtoyent inueſti d'vne certaine colline, ſe trouua bien trom é, Labien l'ayant occupee meſmes par l'ordre dudit Ceſar, auquel il fit pour lors perdre vne belle occaſion. Chales V. enuoya ſoubs Landres en France, à plein midi, vn capitaine de grande eſtime, pour entendre ce que l'ennemi faiſoit : lequel retournant affermoit, qu'il auoit veu les Suiſſes rangez en bataille : leſquels des autres coureurs enuoyez a- 40 pres luy, reuſſirent en quelques arbres. L'an 1568. le Duc d'Alue allant au ſecours de Grœningen, enuoya deux de differēte nation, pour recognoiſtre ſi quelques ponts eſtoyent ſuffiſans pour y paſſer l'artillerie : leſquels retournans ſans paruenir au lieu prefix, annoncent, qu'ils ont veu quatre bannieres des ennemis, & ouy le ſon des tambours : choſe qui combien qu'elle ſembloit impoſſible, fut toutesfois creue, en ſorte qu'on y donna l'alarme : mais en fin on trouua que les quatre enſeignes & tambours eſtoyent autant de chariots conduiſans vne eſ-

spouſe

spouse d'vn village à autre. Mesme il est suruenu, que sur vne relation, que tous les gendarmes de l'ennemi estoyent en campagne, là où il n'y auoit qu'vn seul esquadron de picques, accompagné de peu de cheuaux, la peur ayant tellement troublé la veüe, que les hommes sembloyent estre en plus grand nombre, & les picques plus drues, vne bõne partie de cauallerie a esté mise en routte. Dõt il appert que ce n'est charge de dõner à vn chacun. Et celuy à qui elle est imposée, doit bien estre aduerti, que s'il a acquis quelque reputatiõ, il ne la perde en ceste entreprise : ains la poursuiue auec toute diligence, sans se laisser,
10 au descouurir, troubler par quelque accident, duquel l'esprit estourdy est facilement trompé : voire sans se fier de la relation d'autruy, auançant tantost l'vn tantost vn autre soldat à cest effect, & voyant & reuoyant apres de ses propres yeux. Et puis, quant à l'aduis, redoublant les personnes qui referent, non point de l'auoir veu, ains de leur estre ainsi referé iusques à ce que luy mesme s'en estant du tout acertainé, il en puisse aussi faire relation plus asseuree. Autrement il sera en danger de perdre en vn moment tout le credit acquis par plusieurs armees.

Si le chef de ces auant-coureurs auoit la dexterité de recognoistre la situation d'vn lieu & sçauoit iuger de quelque distance, & discerner
20 le nombre d'vne trouppe, il feroit tousiours meilleur seruice à son superieur.

S'il y a du soupçon à la queüe, comme il aduient d'ordinaire aux retraictes, tant des corps gros, que de toute trouppe particuliere : les auantcoureurs sont laissez derriere, l'ennemy pouuant sur la piste assaillir le corps à l'improueüe. Voire ceste diligence n'est pas tousiours suffisante, & ne se peut on pas tousiours asseurer par ce moyen. Car l'ennemi qui vient resolu d'assaillir tout ce qu'il rencontre, n'enuoye point des auant-coureurs : ains se iette sur ceux de l'autre parti & les charge gaillardement, pour entrer auec eux en la trouppe, qui par ce
30 moyen sera facilement mise en routte. Dõt le Capitaine doit tousiours conduire ses trouppes prestes pour combattre, seruant luy-mesme auec tous ses officiers d'exemple aux soldats. Et de fait il est aduenu souuent que ceux qui s'appuyants sur leurs auant-coureurs ont esté nonchalans en leurs procedures, se sont trouuez si subtilement chargez de l'ennemi qu'ils n'ont eu loisir de se mettre l'armet en teste, ou de changer de cheual.

La mesme reigle de n'enuoyer des auant-coureurs est obseruee quand on va auec resolution d'attaquer vn quartier, comme nous auons dit en son lieu : comme aussi es courses, pour y surprendre l'enne-
40 mi à l'improuiste. Mesme aussi quand on marche par vn pays ouuert, & en temps de broüillarts, & qu'on ne peut regarder loin : en somme, toutes & quantesfois qu'on va resolu d'attendre & receuoir ou attaquer toute rencontre.

C H A P.  VIII.

*En quel ordre & repartiment les trouppes marchent de iour par pays large.*

I'Ay veu qu'aucuns au marcher, mettent vne compagnie d'harquebuziers en l'auãt-garde, & vne autre en l'arriere-garde, de sorte que

E

toutes les lances restent au milieu, vne trouppe derriere l'autre: Chose
tref-contraire à toute raison, & mesmes à l'experience. Car si l'ennemi
attaque le front ou les espaules, les arquebusiers, côme gen, desarmez,
ne pourront ne attendre, ne souftenir le choq, dont contraints se refu-
gieront fous les esquadrons des lances, non fans y causer, principalement en vn grand nombre, grand desorde. Comme il aduint à Hen-
doüen, où toute nostre cauallerie fe trouuant, & entendue l'arriuee
de cinq mille cheuaux de Saxe pour le seruice des Estats; on y enuoya
des auant-coureurs pour en estre asseuré. Cependant toute nostre cauallerie fut mise par ceitaine personne sur vn chemin garni aux co-     10
stez de fosses & hayes; par lequel s'auancerent quatre cornettes de
Reistres donnans vne charge à nos auant-coureurs, qui voyans que
noftre cauallerie s'approchoit, estoyent sur la sortie d'1 dit chemin.
Mais les Reistres serrez ensemble se reticerent, voyans le mefme, en
tresbon orde: & nos arquebusiers, qui tous fe trouuerent deuant les
lances, les suiuirent à la sfilata & fans oidre: dont lefdits Reistres en
voyant la confusion, & qu'ils estoyent fans corps qui les peuft fou-
ftenir, auancerent vne cornette auec telle vigueur, qu'elle repouffa
tous les arquebufiers qui estoyent au double en plus grand nombre
qu'eux, & leur donna la chafie iufques à la fortie dudit chemin, auec  20
telle confusion, qu'à grâd peine en peurent fortir quelque peu de lances, lefquelles chargerent les-dits Reistres & les repousserent, en tuant
enuiron quarante d'iceux. Ce fut donques vne faute des noftres de
laiffer autant d'arquebufiers en front, fans corps qui les pouuoit fuftenter, qui leur fit perdre la victoire. Et parti de soldat, que les Reistres
auancerent vne seule cornette pour repouffer les arquebufiers; car autrement les trouppes des lances leur venant fus, les euffent tous des-

faits. Or puis que si grand nôbre d'arquebufiers, & pour cefte raison, &
pour autres, que nous deduirons ci apres, ne doiuent eftre mis deuant,
fans quelque corps de lances qui les foultiere, on peut conclure qu'il   30
fera mieux, qu'ils foyêt entre les trouppes des-dites lâces: en ne faifant
les trouppes des arquebufiers plus grandes que de quarante à foixan-
te cheuaux; de forte que marchant, chacune trouppe de lances ait fa
trouppe d'arquebufiers en queüe, afin que quelque chofe furuehant à
l'improuifte, elles fe puiffent aider l'vne à l'autre, fans defordre. Et en
cefte maniere il n'y aura à craindre que les arquebufiers foyent mis en
fuitte, comme autrement fe trouuans ou deuant ou derriere, fans la
couuerture des lances, il leur pourroit aduenir facilement.

L'auant-garde, & l'arriere-garde, requierent en particulier cefte
armature, laquelle n'eftant fuffifante, pour en fournir affez à tous ef-  40
quadrons des lances fe repartira au mieux qu'on pourra felon que la
neceffité demandera. Ce qui fuffira ici de cefte matiere, en
ayant encor à traicter au liure fuiuant quelques
chofes qui feruiront à plus entiere
intelligence d'icelle.

CHAP.

## CHAP. IX.

### En quel ordre & repartiment les trouppes marchent de nuict par vn pays ouuert.

COmme le marcher de nuict est bien dangereux en toutes occa-siós d'armes, pource que les soldats couuerts de l'obscurité y per-dent toute la honte : ainsi y a-il aussi tref-grande difficulté, si auec vne diligence tref-exquise toute confusion n'en est bannie. Dont, outre les aduertissements generaux, m'a semblé bon d'y adiouster ici quel-
10 ques autres, qui pour cest affaire donnent vne adresse & instruction plus particuliere. Pour le premier il y faut grande aduertence autour des guides, desquelles aucuns sont conduits par force, & pour cela point trop bien affectionnez : des autres presument de sçauoir beau-coup, mais venans sur le fait, s'estourdissent, ou par faute de courage, ou par l'obscurité de la nuict, & principalemét, és pays larges & pleins, esquels il n'y a ni arbres ni montagnes, qui les facent resouuenir du chemin. Dont il sera le meilleur d'en auoir plusieurs, & s'il est possible, en repartir vn en chacune trouppe : de sorte que l'vn se trompant, le se-cond ou le troisiesme, s'apperceuant de la faute, la puisse améder. Mais
20 n'en ayant à suffisance, on les repartira le mieux qu'on pourra, en lais-sant tousiours quelque auantage à l'auant-garde, pour la tant mieux asseurer.

Les guides, soyent à pied, ou à cheual, doiuent tousiours preceder les trouppes, en garde de deux soldats qui en sçachent la langue, & que pour euiter confusion, nul autre ne parle à eux. Et les-dits soldats les doiuent bien soigneusement obseruer, s'ils les voyent en suspens, ou regardans çà & là, comme incertains du vray chemin ; en aduisant de bóne heure l'officier, afin qu'il y appelle des autres, selon qu'il luy sem-blera necessaire, pour s'en pouuoir asseurer. Mesmes aucunefois, ils
30 sont liez, afin qu'ils ne s'enfuyent.

Outre ceste diligence, il y en a encor vne autre, de non petite im-portance ; asçauoir que chacune trouppe ait à la queüe de celle qui la precede, vn pair de soldats, l'vn desquels s'arreste quad on vient à vne voye croisee, pour monstrer le chemin aux suiuans. Et en ceste manie-re, on ne s'asseure seulemét du chemin, ains on empesche aussi qu'vne trouppe ne se mesle auec l'autre : qui est vne charge particuliere des lieutenans des compagnies, que marchans à la queüe, ils conseruent les trouppes vnies.

De là part d'où on presume le plus grand danger, il se faut fortifier
40 d'vne trouppe des gens d'eslite, encor qu'on la deuoit choisir du corps entier : pource que si le premier front se vient à ployer, les autres seront de bien difficile consetue. Et pourtant les arquebusiers en nulle ma-niere seront mis deuant, principalement en pays estroit : ains en toutes occasions, de nuict, ne seront endurez, sinon à la queüe du troisiesme esquadron des lances, le reste se repartissant, comme on fait de iour en pays large.

Or en ceste trouppe de gens choisis, il n'y aura point de cornette, a-fin qu'il n'y en suiue quelque inconuenient : ains elle sera libre, pour

E 2

Guides & leur necessité & examen.

Auantgarde doit estre tousiours auātagé des guides.

Marchant de nuict, comment on ne faillira le droit chemin.

Arquebusiers où ils doiuent estre mis marchant de iour soit par pays large ou estroit.

Trouppe esleue & enuoyee deuant pour receuoir toute rencontre, né porte point de cornette.

pouuoir auec ferme resolution attaquer quelconque trouppe ennemie sans autre recognoissance.

*Trouppe conduitte du general, & son officier.*

Apres s'ensuit la trouppe conduitte du chef de l'armee, pour attaquer, l'opportunité se presentant, ou pour seconder au trot, la premiere qui auroit attaqué: aduerti sur toutes choses, de n'y engager plus des
gens qu'il n'est de besoin; veu que ceci est le principal respect, pour le-

*Trouppes distantes commet aduisees de l'vne à l'autre.*

quel il est mis en ce lieu. Parquoy il enuoyera tousiours trente ou quarante pas deuant sa trouppe vn officier, auec deux ou trois autres soldats, desquels il soit aduisé à chacun moment, de ce qui se passe au premier front, asçauoir si elle perce, ou non: tant pour n'y point employer 10
plus de gens qu'il n'est besoin, que pour auoir du temps, pour se retirer
au costé, pour inuestir par le flanq l'ennemi, s'il auoit repoussé la premiere trouppe.

*Trouppes conduittes des capitaines particuliers & leurs aduertissemēs.*

Les autres trouppes seront conduites, des capitaines particuliers,
auec ordre de se retirer du chemin, si le lieu le permet. Et s'il est trop
estroit, ils vseront des mesmes diligences, d'y auancer des personnes,
qui leur facent rapport de ce qui se fait és trouppes precedentes, de
quoy ie donneray vn exemple.

*George Basta raccōte vn sien exploit auprès de Contrwich.*

Au siege d'Anuers, mis par le Duc de Parme, ie me trouuay au bourg
de Iournaut, auec vne partie de la cauallerie legiere: ou ayant eu lan- 20
gue, que l'énemi estoit passé de Bergen op zoom à Malines, auec mille
cheuaux, auec dessein de reuictuailler Brucelles, reduitte à l'extremité, ie m'en allay au village de Ranst, ayāt enuoyé deuant quelques autres cheuaux, au pont de Wallem, pour sçauoir le retour des ennemis,
qui sur le soir commencerent à passer. De quoy aduisé, ie m'achemi-
nay auec mes gens deuers Contwich, village situé sur le grād chemin,
entre Malines & Anuers, tenans mes trouppes en l'ordre susdit. Et cō-
bien que pour l'aduis receu au parti de Ranst, que l'ennemi eut passé
Contwich, i'y auoy enuoyé le Capitaine Contreras, & le Capitaine
Labich auec les arquebusiers, pour l'attaquer: eux toutesfois ayant 30
trouué que l'ennemi n'estoit encor passé, s'y arresterēt iusques à mon
arriuee, laquelle fut droictement à poinct, que les auant-coureurs des
ennemis y vindrent. Et doutant que mes arquebusiers, qui estoyēt deuant, ne fussent les premiers à occuper le chemin, i'y fis, auec diligēce,
entrer l'esquadron que i'auoy esleu pour estre le premier à inuestir, lequel estoit de soixante lances, conduites de Iean Goleme lieutenant
de mon frere, qui à la premiere rencontre rebouta quelque peu deux
cornettes de Reistres, de l'auant-garde: lesquelles s'estant reprises, furent par moy inuesties auec la seconde trouppe, qui estoit de deux cō-
pagnies, l'vne du Prieur d'Vngrie, & l'autre de mon frere, & auec la 40
chaleur que luy donnoit la troisiesme, conduite de Don Sancho de
Leua, fut l'ennemi mis en route, auec la conqueste de quatre cent
cheuaux, & deux estendars des Reistres, mais peu de morts, à cause
de l'obscurité de la nuict. Exploit qui pouuoit reüssir au cōtraire, sans
ce secours de faire entrer les lances deuant les arquebusiers, lesquels
sans doute par vn tel corps de Reistres, eussent esté renuersez sur les
trouppes qui les suiuoyent.

Chap.

## CHAP. X.

### *Du marcher de iour par vn pays estroit.*

SI le marcher de iour par pays large est si dangereux, que sera-ce de l'estroit, auquel les derniers ne peuuent secourir les premiers? Veu que si les premiers sont repoussez, ils poussent & desfont les seconds, & ceux-ci les tiers, & ainsi de l'vn à l'autre iusques à l'extremité de la queüe: De sorte que cinquante cheuaux seuls, qui romprōt la premiere trouppe seront bastans pour confondre vne armee entiere, les suiuants n'ayans lieu où se retirer, du choq des premiers.

Dont le capitaine prudent, en semblable occasion vsera de tres-exquise diligence. Premierement, qu'il ait bonne cognoissance du pays par lequel il aura à passer, asçauoir; où c'est que le chemin s'astreint plus ou moins, où sont les passages difficiles, d'où sont les aduenues de l'ennemi, pour les preoccuper des arquebusiers, qui en nulle autre occasiō ne peuuent dōner meilleur secours aux lanciers, y mettāt pied à terre, & se tenant ou sur quelque precipice, ou en quelque lieu bas, ou hors du chemin, ou derriere vne fosse ou haye, pour les asseurer aux flācqs; de quoy ne faudra d'ensuiure le tresbon effect, pouuans dōner chaleur à vne trouppe, combien que desfaitte, pour se remettre. Mais s'ils ne peuuent ainsi estre disposez aux costez: il vaudra mieux se deporter de s'en seruir en front en aucune maniere; & se mettront en queüe de la seconde trouppe des lances, afin d'en pouuoir, en l'occurrence, estre plus facilement auancez.

Puis s'estant ainsi informé de la qualité du chemin, le Capitaine enuoyera diuerses trouppes des auant-coureurs, en certaine distance de l'vne à l'autre: & en apres y acheminera ses trouppes, aussi en distance cōuenable, qui pour le moins sera de cent pas, faisant vn bon front de gens d'eslite, de laquelle, comme on sçait, tout le reste depend.

Il donnera aussi ordre expres aux capitaines qui sont en frōt, & aux lieutenās à la queüe des trouppes, qu'ils n'y laissēt entrer ou s'y entremettre aucun bagage ou autre empeschemēt: & que l'ennemi chargé de la premiere trouppe, & icelle suiuant la victoire; les autres obseruēt tousiours ladidte distance, afin que les trouppes ne se confondent ensemble, comme il est aduenu souuent par faute des chefs, lesquels ou pour se trouuer à la meslee, ou importunez par les cris des soldats desireux de la proye, se sont laissez tirer à approcher incōsiderément des premiers, qui venans à estre repoussez, s'ensuit vn total desordre. De sorte que ceci, quant à ladidte distance doit estre inuiolablement obserué: & l'officier qui y faut, merite d'estre puni en toute rigueur, parce que les bons ordres du general qui ne se peut trouuer par tout ne seruiront de rien, s'il n'y auoit moyen de les faire obseruer bien estroitement: Dont le capitaine soit bien aduerti de ne s'y laisser tirer par les braueries des soldats interessez: croyant mesme, que plusieurs d'iceux, voire ceux, peut estre, qui crient le plus, seront les premiers à s'enfuir, quand on viendra à mener les mains: & lise ou note bien vn exemple à ce propos, digne de consideration.

E 3

*Vne armee facilement desfaire en lieu estroit.*

*Capitaine marchant par pays estroit commet à informer.*

*Arquebusiers en quelle occasion de plus grand service aux lanciers.*

*Arquebusiers ne pouuans seruir aux flancqs où se doiuent colloquer.*

*Auant coureurs redoublez en pays estroit.*

*Ordre pour acheminer les trouppes, & leur distance. Capitaines ne se doiuent laisser empescher de la distance requise.*

*Distance d'vne trouppe à l'autre, à obseruer auec toute rigueur.*

*Capitaine quãd il doit retenir les soldats desireux de combattre.*

*Erreur de la distance non obseruee, mais prise un exemple.*

Pierre Fran. Nicelli Capitaine de la garde du Duc de Parme, estant au fort de Nimege, & enuoyé auec quatre compagnies vers Arnem, pour prendre langue, separa ses trouppes assignant à chacune la deüe distance, & se marchoy mesme à front contre l'ennemi, qui venoit aussi pour le mesme effect. Mais ledit Nicelli le rencōtrant le mit en fuitte, & en print plusieurs prisonniers. Or poursuiuāt auec sa premiere trouppe la victoire, il rencontra vne trouppe fresche des ennemis, accompagnee de quelques pietōs, qui attendoyent le retour de leurs compagnons, auancez; & les voyant retourner fuyans, attaquerét les nostres, qui desordonnez, furent facilement contraints à tourner bride: dont 10 ployez, ils s'aheurterēt sur ceux qui les secōdoyent, sans auoir obserué la distance requise: de sorte que de main en main les trouppes s'estant entremeslees, ils furent tous desfaits sans iamais pouuoir plus faire teste, auec perte de plusieurs soldats, & de la personne mesme dudit Nicelli, & de Don Francisco d'Aualos, & du Capitaine Padilla, qui y demeura mort sur la place.

*George Basta obseruant la deüe distance d'vn esquadron à l'autre, en fit grand seruice au Duc de Parme en la desfaite des Anglois à Rosendal.*

Vn tel desordre pouuoit aussi estre succedé à **Rosendal**, quand le Duc de Parme y rompit les Anglois, ou cependant que le Capitaine Nicolas Cesi poursuiuoit la victoire par vne chaussee, sur laquelle le Duc mesme, auec le Marquis de Robais se trouuoit en personne, auec 20 plusieurs autres chefs de l'armee, où l'ennemi s'estant repris auec peu de cheuaux, se tourna pour inuestir l'auant-garde, & la mit en tel desordre, que ledit Duc mesme, auec l'espee en la main, ne la peut retenir: ie conduisoy la seconde trouppe faite de la cōpagnie de Nicelli & de celle de Robais, & preuoyant le mal qui en pouuoit naistre, ie me retins, obseruant la distance necessaire. Et voyant, comme ie m'en estois douté, les gens retournans en vne fuitte, ie fis à Alexandre Fantone Lieutenant de Nicelli se mettre au pied de laditte chaussee, pour en retirer les cheuaux qui s'y trouuoyent, afin que les gens y peussent passer sans empeschement: & à ceux qui y demeuroyent, ie leur fis baisser 30 les lances, & s'auancer au trot, afin que des dits fuyants le front de l'esquadron ne fut troublé. Et par ce moyen l'ennemi fut retenu, & derechef mis en route: là où n'ayant pris ce parti, d'obseruer la distance requise, ie n'eusse eu le temps de faire place, demeurant en vn danger manifeste de desordre, aussi de ma seconde trouppe, & apres elle, de toutes les suiuantes.

---

## Chap. XI.

### Du sortiment des Capitaines & trouppes és cheuauchees extraordinaires. 40

Ayant deduit, quant au marcher les preceptes requis aux exploits ordinaires, il m'a semblé que ie ne deuois obmettre ceste matiere, combien qu'elle ne tend à autre fin, que pour euiter quelque mescontentement qui pouuoit resoudre des pretensions ambitieuses des capitaines, desireux d'estre les premiers à marcher, & auoir les premiers lieux, quand on va à quelque entreprise. Nous auons dit dessus, que la conduitte de l'auant-garde & des autres parties d'vne armee, sont

chan-

changees par tours, chacun iour selon le rolle, que les furiers en ont,
apres qu'on en a ietté le sort, pour le premier iour. Or aduient il souuent, qu'apres l'arriuee au quartier, & le Guion general logé, il faut
mander, ou toute la cauallerie, ou partie d'icelle, pour effectuer quelque exploit. Lors on n'est astreint à l'obseruation de l'ordre susdit: ains
le general ayant assigné le temps & le lieu, auquel on se doit rendre, la
premiere trouppe qui se trouuera au rendez-vous, aura le premier
lieu, la seconde, le second, & ainsi en suiuant. Et s'il aduient qu'ils y arriuent plus à la fois, qu'il n'en faut pour vn esquadron, on y iettera le
10 sort: & par ce moyen tous seront contentez. Ioint que tous les capitaines pour ne point estre reprochez de coüardise seront plus diligens à
se trouuer au-dit lieu, pour obtenir, si non le premier, pour le moins
quelque autre rang honorable. Chose à laquelle ils iroyent
assez froidement, s'ils sçauoyent deuant de
monter à cheual, le rang & lieu
qu'ils tiendront.

*Lieu de la septiesme & huictiesme figure.*

## 7. *Figure.*

Comme toute ou la plus gráde partie de la cauallerie logee,
ainsi qu'il est monstré en la troisiesme figure, s'vnie en la
place d'armes, & comment elle est ordonnee pour marcher, auec le soupçon en queuë, dót l'alarme luy est venu.

A　*Auant-coureurs laissez derriere.*　B　*Autres auant coureurs* 10
　　*redoublez.*　C　*Trouppe de lances qui ayant là esté pour*
　　*garde, est sortie en cápagne à la defense des entrees principa-*
　　*les iusques à ce que toute l'armee soit en ordre & acheminee.*
D　*Trouppe d'arquebusiers, qui retournant de prendre langue con-*
　　*duit quelques prisonniers, à laquelle vn soldat de la garde* H
　　*montre le chemin pour entrer en la place d armes.*
E　*Auant-coureurs mandez pour costoyer le chemin de tous deux*
　　*costez.*　F　*L'officier retournant de leuer les sentinelles de* 20
　　*ceste part.*　G　*Sentinelles de front, à leuer quand leurs có-*
　　*pagnies sont passees. Et celles des espaules le leuant apres que*
　　*l'armee est acheminee.*　H　*Corps de garde d'arquebusiers*
　　*pour la defense du pont.*　I　*Guides gardez des soldats &*
　　*presentees d'vn officier du Capitaine de cápagne aux troup-*
　　*pes de l'auant-garde, pour y estre disposees selon le besoin.*
K　*Chef de l'armee assistant à la place d armes pour demeurer en*
　　*queue du bataillon.*　L　*Second chef qui attéd pour demeu-* 30
　　*rer en l'arriere-garde.*　M　*Commissaire general achemi-*
　　*nant les trouppes.*　N　*Fin de l'auant-garde & commence-*
　　*ment du bataillon.*　O　*Fin du bataillon & commencemét*
　　*de l'arrieregarde.*　P　*Trouppe de 60. d'eslite qui sans cor-*
　　*nette demeurent en l'arriere garde.*
Q　*Village dont est sorti le bagage.*　R　*Trouppe d'arquebusiers*
　　*qui marche en garde du bagage.*
S　*Charriage & bagage.*　T　*Officiers du capitaine de Campa-* 40
　　*gne conduisans les valets de la cauallerie qui en partie sont*
　　*montez sur les sommiers de leurs maistres.*
V　*Trois mulets du general.*　X　*Capitaine de campagne auec*
　　*ses sergents, & les guides & prisonniers au milieu.*
Y　*Les trouppes de l'auant-garde qui s'acheminent, dont la premie-*
　　*re est des lances, de suitte alternatiue.*
Z　*Trouppes d'Arquebusiers.*

8. Figure.

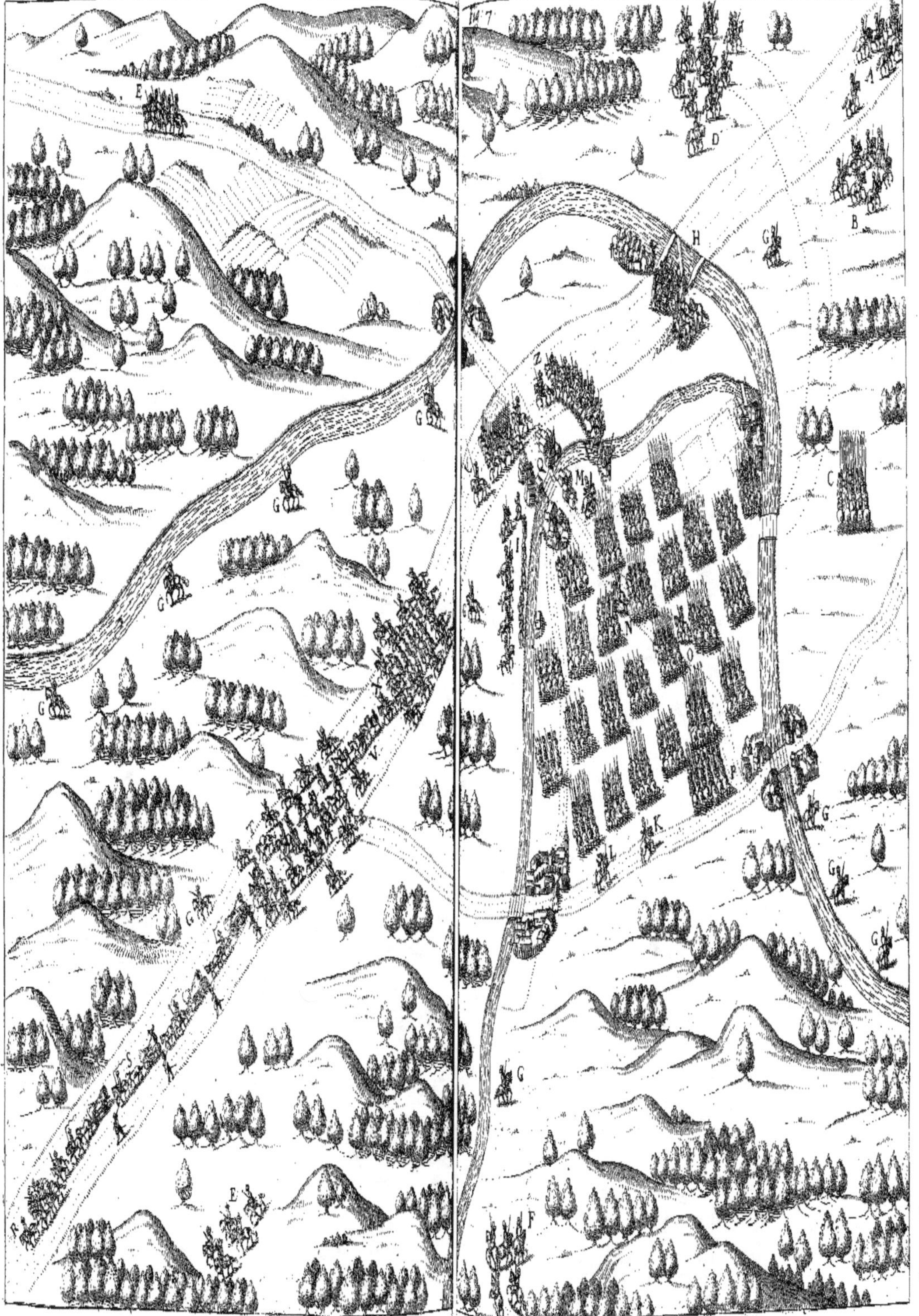

E
W 7
D
A
B
G
H
G
Z
C
Q
M
C
I
N
O
V
P
T
G
K
G
G
L
G
S
G
R
E
F
G

N
O
O
P
M
F
L
H
H
F
F
F
Q
E
D
G
C
I
B
A
A
O
O
N

## 8. *Figure.*

En suitte de la septiesme on voit l'ordre au marcher de
l'auant-garde, bataillon, & arriere-garde, auec
le soupçon en queuë soit de nuict
ou de iour, tant en pays large
qu'estroit.

10

A  *Progrez & fin de l'auant-garde.*

B  *Le bataillon qui marche moins garni d'arquebusiers, pour en
laisser l'auantage là où on en pourroit auoir besoin.*

C  *Guion general de la cauallerie accompagné des particuliers choisis, reformez, & auanturiers.*

D  *Le general demeurât d'arriere-garde en queue de sa compagnie.*

E  *Le reste de l'arriere-garde.*

20 F  *Arquebusiers flãquans les chemins là où la situation le cõporte.*

G  *Cheuaux du general conduits à la main.*

H  *Cheuaux du lieutenant.*

I  *Cheuaux du Commissaire general.*

K  *Commissaire general tournoyant les trouppes, afin qu'elles marchent en bon ordre.*

L  *Lieutenant general en queue de l'arriere-garde, pour se trouuer
en teste, si l'ennemi s'approchoit.*

30 M  *Trouppe d'eslite, pour receuoir toute rencontre.*

N  *Auant-coureurs mandeZ aux chemins qui entrent au principal par lequel on doit marcher.*

O  *Arquebusiers qui au haut, ont mis pied à terre, pour flanquer
tant le chemin bas que les lances.*

P  *Petite trouppe de lances, qui asseure les-dits chemins & aduenues.*

Q  *Soldat renuoyé des auant-coureurs, aposté pour asseurer les gens
& le chemin.*

40

# DV
# GOVVERNEMENT
## DE LA CAVALLERIE LEGIERE
### LIVRE QVATRIESME;

Qui monstre la maniere de la ranger & ordonner en
bataille contre autre cauallerie
legiere.

IL est certain que tous les aduertissements donnez sur les choses
militaires, s'addressent principalement à ceste fin, qu'vne bataille
soit bien ordonnee, comme le moyen plus necessaire pour esperer, si on
ne s'en peut du tout asseurer, la victoire. Et ordinairement le ca-
taine plus expert de cest affaire, sera non seulement maistre
campagne, mais aussi ayant esgard à toutes les autres choses requises,
aura vn heureux succez de paruenir à la fin derniere & principale
de la guerre. C'est donques vne matiere de tres-grande importance:
& pour en parler à suffisance, il faudroit faire mention des Batailles
en general, & en examiner les premies fondements de la disposition,
tant de la cauallerie, que de l'infanterie, de la diuersité des armes,
des occasions, des ennemis, & de plusieurs autres considerations de-
pendantes de la charge du general Maistre du camp. Mais, quant
à nous, comme nous auons fait iusques à present, nous demeurerons és
termes proposez au commencement de ce discours, traitant ceste matiere, entant qu'elle attouche le Commissaire general: monstrant
comment la cauallerie legiere doit estre rangee en bataille, contre
autre cauallerie legiere, assauoir lances & arquebusiers. Apres nous
verrons les deuoirs des officiers és batailles: & finalement ferons vne
comparaison des lances & des cuiraces: question tres frequente, en la
decision de laquelle nous aurons occasion de considerer la
force de chacune de ces sortes de cauallerie selon ses
armes. Matiere aussi, qui ne faudra d'apporter fruict au lecteur.

*Cauallerie
legiere con-
tient les lan-
ces & ar-
quebusiers:
les corazzes
n'estât com-
prises sousce
tiltre.*

CHAP.

## CHAP. I.

*De l'ordonnance des trouppes en bataille.*

Ovs diuiserons ceste matiere en trois chapitres. Au premier nous verrons quelques opinions, sur le repartiment des trouppes, en vne bataille. Au second nous proposerons nostre aduis sur ce poinct : & au troisiesme nous respondrons à quelques obiections.

Quand donc au premier, presupposant de parler des ordonnances qui se font par election en vne campagne libre, & non de celles qui par incommodité des lieux, ou autres respects sont forcees, Ie trouue que la cauallerie legiere peut estre disposee en bataille, en quatre manieres. Asçauoir l'vne en file, que vne trouppe se tienne derriere l'autre : l'autre que toutes se tiennent de front, l'vne au costé de l'autre en ligne droite : la troisiesme est l'ordonnance faslie en esquadrons meslez en certain nombre l'vn derriere l'autre, & la quatriesme, lunaire, c'est à dire, en forme de demie lune. De la premiere, nous en auons assez parlé au liure precedent, & demonstré pourquoy on n'en doyue vser : asçauoir, de peur que le premier esquadron estant desordonné, les autres suiuants ne s'en resentent. Ioint que c'est vne faute non legiere, mais tresgrande de faire combattre si peu de gens en vn front si estroit.

La seconde, de mettre toutes les trouppes de frôt en vne ligne droite, à deux defauts bien notables. Le premier est, que les trouppes ainsi rangees, ne se peuuent couurir & flaquer l'vne l'autre. Le second, que elles n'ont aucune trouppe de reserue, ains toutes ensemble se presentent en vne mesme rencontre, & à pareille fortune : & auec danger de se confondre, par le moindre accident qui y pourroit suruenir. De quoy ie proposeray vn exemple bien clair & notable.

Monsieur de la Noüe, assiegeant de la part des Estats, le Chasteau d'Ingelmunster, auec bô nombre de cauallerie, s'estoit choisi vne place fort auantageuse, en laquelle on ne pouuoit entrer sinô par vn sentier, capable seulemêt de deux ou trois cheuaux en front. Ceste entree estoit flanquee de deux bonnes manches de musquettiers : & au dedans de ladittè place, il y auoit en face vn moulin à vent, qui commandoit l'entree ditte, aussi garni de musquettiers : Et plus auant Monsieur de la Noüe, sans se soucier de l'infanterie laquelle n'en estoit gueres esloignee ; auoit rangé en bataille huict cent cheuaux, en vne ordonnance ainsi estendue vn esquadron au costé de l'autre, auec determination, comme ie croy, de tailler en pieces tous ceux qui y oseroyent entrer. Or estoit le Marquis de Robais general de la cauallerie du Roy, sorti auec sept cens cheuaux, & cinq cens pietons, de Courtray, pour le recognoistre : & approché de ladittè place, d'vn conseil plus courageux que prudent, fit auancer les cinq cens pietons vers les manches des susdits musquettiers, & ordôna que la côpagnie de Nicolas Basta, mon frere, qui pour lors n'y estoit present, & celle de

George Carifea, qui eftoyēt en l'auant-garde, commēçaſſent à paſſer.
Ce qui fut fait premierement par George Carifea, & comme il fut paſ-
fé, auec enuirō vingt & cinq cheuaux, voici vn capitaine des ennemis
nommé Setton, Eſcoſſois, qui s'auançant de la front ennemie, vint
tout droit contre luy. Carifea ne voyant meilleur parti, que celuy qui
eſtoit tant honorable que neceſſaire, s'auança auſſi auec telle valeur
& reſolution, pour receuoir le-dit Setton, qu'il le fit ployer le renuer-
ſant ſur le front des autres eſquadrons. Où Carifea, voyant l'occaſion,
n'en perdit point le temps, ains donna telle charge aux ennemis, que
il ſe mesla auec eux. Et le reſte de la meſme trouppe conduitte de 10
Iean Golemma Lieutenant de mon frere, & la ſeconde qui eſtoit en-
core entiere, eſtant cependant paſſez, s'auancerent auſſi & attaque-
rent tellement les ennemis, deſia mis en deſordre, qu'ils les desfirent
du tout, auec la mort de pluſieurs tant cheuaux que pietons, & la
perte de Monſieur de la Noüe meſme. Dont on voit quels inconue-
niēts peuuent ſuruenir à telle ordonnance faite ſans raiſon, cauſez
de quelque petit accident, qui y ſuruient à l'improuiſte. I'ay touſ-
ſiours entendu qu'on loüoit ce capitaine d'vne ſinguliere prudence:
& moy meſme ie l'ay tenu pour tel : Mais ie croy que pour lors, comme il aduient à ceux qui ſeruent aux republiques, ſon auctorité eſtoit 20
limitee de quelque compagnon, de ſorte qu'il n'auoit la puſſance
de faire tout ce qu'il vouloit. Outre ce, qu'y eſtant arriué le iour
precedant, il n'auoit eu le temps pour bien recognoiſtre le lieu,
occupé en l'ordonnance du ſiege. Et combien qu'il l'euſt recognu
à ſuffiſance, ſi n'eſt-il poſſible qu'vne perſonne puiſſe tout voir, &
aſſiſter par tout, pour donner addreſſe à l'execution des commandemens. Il auoit auſſi diſpoſé les manches des muſquettiers en lieu
auquel elles ne luy pouuoyent faire aucun ſeruice, le froment eſtant
en ces lieux ſi haut, qu'il couuroit les ſoldats, de ſorte qu'ils ne pouuoyent appoincter leurs tirs contre l'ennemi. Et n'y a point de doute 30
que ſi le dit Monſieur de la Noüe l'euſt veu, il y euſt donné les re-
medes competents, choſe qui par ces executeurs ne ſe pouuoit ſi

*Empeſchemēs de l'ordonnance eſtendue.* bien faire. Mais, quoy qu'il en ſoit, certainement celuy qui auoit
ainſi ordonné ces gens, en vne file eſtendue en vn front, s'eſt bien
lourdement trompé, ne ſçachant, ou ne penſant, que les eſquadrons
de lances, pour faire leur effect, doiuent ioüer par les flanqs : choſe
qui en telle eſtendue de l'ordonnance ne ſe peut faire. De ſorte que
telle ordonnance ſera touſiours de peu de ſeruice, & pourra facilement eſtre desfaite.

*Ordonnance faill'e n'eſt trop propre, & ſans exceptions.* La troiſieſme eſt celle que nous appellons fallie, aſçauoir de trois 40
ou quatre eſquadrons de front, auec telles diſtances de l'vn à l'autre,
qu'autant d'autres eſquadrons logez auſſi en front, derriere iceux y
puiſſent paſſer ſans aucun empeſchement. Laquelle à mon aduis eſt
bien meilleure que les deux ſuſdittes : mais toutesfois point trop
propre pour ceſte armature. D'autāt que les arquebuſiers eſtendus en
file & ayant occupé les-dittes diſtances, ils empeſcheroyent les eſquadrons de lances, qui y deuoyent entrer, & ce non ſans danger de treſ-
grande confuſion : ou bien il les faudroit retirer de ces interualles, &

les

Fig:9
A
A
B
B
C
C

les mettre aux aisles , où ils seroyent exposez aux premiers assauts de
l'ennemi : qui est le plus grand inconuenient, qu'en ceste matiere on
pourroit rencontrer , comme il a aussi esté demonstré au liure precedent.

Il reste donques que nous admettions la quatriesme , qui se fait en
forme d'vne demi-lune pour bonne. De laquelle nous dirons au chapitre suiuant, comme elle se fait , & quelles en sont les procedures.

*Lieu de la neufiesme Figure.*

10

*9 Figure.*

Les trois sortes de rangs des batailles de la cauallerie legiere,
reprouuez du Comte Basta.

20 A  *L'ordonnance en file , ascauoir d'vne trouppe derriere l'autre.*
B  *L'ordonnance estendue des trouppes toutes en front.*
C  *L'ordonnance faillie , des files alternatiues des lances & arquebusiers.*

F

## CHAP. II.

### De l'ordonnance lunaire.



LEs trouppes des arquebusiers, desquels nous auõs dit, qu'ils doiuẽt marcher alternatiuement à la queüe des lances, se doiuẽt auancer au combat au costé dextre des lances qui le precedent, de sorte qu'ils soyent de mesme front, auec distance de trente à quarante pas, où ils s'estendront en file. La premiere trouppe commence à la poincte de la corne dextre. La seconde se met au costé senestre de la precedente, mais auec le front quelque peu retiré en dedans: & ainsi s'ensuiuent les autres, iusques au milieu, dont les suiuantes vont tousiours en sortant, iusques à la poincte extreme de la corne senestre, en faisant les dittes poinctes esgalles. Et ainsi verra-on qu'au milieu elle sera vn grãd sein, à la queüe duquel on met en distance de huictante pas, deux



trouppes de reserue, ou vne, pour le moins. Les arquebusiers sont di-



stribuez en sorte que les extremitez des cornes soyent defendues des lances: desquelles tant moindresque seront les trouppes, asçauoir de vingt & cinq à trente cheuaux, tant meilleurs seront leurs effects pour percer & penetrer.



L'ordonnance doncq faite en telle sorte, on donne instruction & ordre qui sera le premier à inuestir, & qui le second: faisant d'ordinaire le commencement és extremitez & poinctes, les autres ensuiuans de main en main iusques au milieu; lesquels n'estans suffisans pour la vi-



ctoire, on y fait aussi approcher les trouppes de reserue, qui sans doute sont celles qui donnent le ieu gaigné. Et ne se doit-on faire à croire, que l'ennemi seroit si osé, de s'attaquer pour la premiere rencontre au milieu, s'y mettant comme en vne tenaille, exposé à vne infinité d'arquebuzades & des rencontres de tous costez, la forme lunaire ayant



cest auantage, que toutes les trouppes se peuuent flanquer l'vne l'autre, tant pour leur defense, que pour l'offense de l'ennemi, & de quelconque trouppe, qui en quelconque lieu les voudroit attaquer.



Deuant que venir à la meslee sera bon d'enuoyer quelque nombre d'arquebusiers extraordinaires ( c'est à dire, non point du nombre de ceux qui flanquent les trouppes de l'ordonnance) qui espars par la campagne sans faire aucun corps, reçoiuent l'ennemi, le molestant de tous costez de leurs tirs: l'ennemi cependant ne trouuant entre eux à qui s'attaquer, & eux plus libres pour tirer & charger. Et au besoin ils pourront estre sustentez de quelques lances s'auançãs de l'auantgarde & conduittes, sans estendart toutesfois, de leur lieutenant. Les arque-



busiers qui ont leur rang en l'ordonnance à la dextre des lances, pour faire leur coup aussi bien que les lances deuers la senestre, venans en vne file droicte, pour plus commodemẽt faire leurs tirs: estans approchez de l'ennemi de quarante ou cinquante pas pour le plus, arresteront leurs cheuaux & feront leur salue vers le lieu, que les lances veulent attaquer. Les lances aussi accomplissant incontinent leur dessein, cependant que l'ennemi est encor en bransle & desordre.

I'ay

I'ay dit que les arquebusiers se doiuent arrester, car autrement ils ne feront aucun coup asseuré. Et estāts pour cest effect plus seurs & courageux soubs la couuerture des lances, ils ne s'auanceront iamais deuant icelles, ains y demeureront auec elles en front esgal : & les lances aussi ne seront en danger, qu'ils soyent renuersez sur elles. Ce qui pouuoit suffire pour ceste matiere à mon aduis assez esclaircie : mais d'autant qu'on y pourroit opposer quelque chose, auec apparence de raison, i'en feray encor vn chapitre, pour response de ce qu'aucuns estiment du contraire.

10

## CHAP. III.

### *Obiection & response sur l'ordonnance lunaire.*

IL y a aucuns qui voyans c'est ordonnance tant estendue ou distraicte, & fort debile aux flanqs, comme celle qui est composee de petites trouppes, estiment qu'elle pourroit bien facilement estre percee & enfoncee d'vn iuste esquadron, qui resolumēt l'iroit attaquer. Et pour demonstration certaine, se font fors d'en emporter la victoire auec *Demonstratiõ opposee à la forme lunaire.* mesme nōbre de gens, & mesme armature, les rangeāt en autre ordre.
20 L'ordre en est tel : De faire trois gros esquadrons, desquels les deux attaquent les deux poinctes ou cornes de l'ordonnance lunaire, & la troisiesme s'auance au milieu ; Esperans que toutes ces trouppes tant debiles & legieres, seront facilement enfoncees, de ceslles-ci, plus fortes & pesantes, dont toute l'ordonnance demeurera demembree & defaite. Raison qui a assez d'apparence chez ceux, qui n'entendent, que la force des lances ne cōsiste en la grosseur & pesanteur des trouppes, qui luy est plustost dommageable, dont on s'apperceura que cent lances diuisees en deux trouppes, surmonteront cent & trente, ou d'auantage serrees en vn esquadron : comme il a esté dit dessus au premier liure, & dirons encor ci apres : de sorte que si on la regarde de
30 pres, on la trouuera vaine. Car ces trois esquadrons, pour obtenir leur *Demonstratiõ au contraire pour la forme lunaire.* dessein, il faut qu'ils s'esloignent beaucoup l'vn de l'autre, & qu'ils monstrent les costez descouuerts aux trouppes qui en ladite ordonnance lunaire demeurent libres, lesquelles non seulement les peuuēt molester de leurs arquebusades de loin, mais aussi à trouppes entieres les assaillir, & percer lesdits costez. Et si on me respond, que ces grands interualles seront occupez de grosses aisles d'arquebusiers ; Le respōds, que tant pis pour eux ; parce que n'estans suffisans pour faire vn corps qui puisse soustenir vn choc, & estans en grand nombre, peu de lances
40 les mettront en fuitte, auec danger de les renuerser sur leurs propres lances : & s'ils s'en fuyent loin, les espaules & flancs demeurent exposees à l'offense des petites trouppes, qui facilement courent par tout, heurtant & perçant là où il leur plaist. Et l'esquadron du milieu sera en plus grand danger, comme celuy qui a les deux costez esgalemēt engagez : & tant plus que les deux trouppes du milieu de la lunaire, cōme agiles pouuoyēt decliner le choc, & s'eslargissans se ruer sur les flancs, laissant le soing de la front aux esquadrons de reserue : de sorte que ce gros esquadron se trouueroit comme pris en vn sac plein d'offenses.

Concluons donc que pour la Cauallerie legiere il n'y a meilleur repartiment des trouppes, tant pour le respect d'elles mesmes, que pour
la consideration de l'ordre requis en bataille contre la mesme armature, que ce dernier. En vn autre endroit ie monstreray aussi, comment
elle doit proceder contre autre sorte de cauallerie.

*Lieu de la dixiesme Figure.*

10

## 10. Figure

Representant l'auantgarde que mil cheuaux legiers, disposez en forme lunaire, & en corps de 25, aura en vne
bataille contre trois esquadrons de lances de
mesme, & en plus grand nombre, rangez en autre ordonnan-
ce.

20

2     *Esquadron de 2 ou 3 cents, plus ou moins, qui va attaquer le
      milieu de l'ordonnance lunaire.*

3     *Esq. de moindre nombre qui va attaquer la corne dextre de la-
      dite ordonnance.*

4     *Esquadron de mesme nombre allant attaquer la corne senestre.*

5,6,7 *Trois trouppes d'arquebusiers qui flanquent lesdits esquadrons   30
      2 & 3, contre la corne droite des lances.*

8,9,10 *Trois autres trouppes d'arqueb. faisans le mesme aux esqu. 2
      & 4 contre la corne senestre.*

A     *Chef de l'armee donnant les ordres à la corne dextre de la ba-
      taille.*

B     *Trouppe de lances auancee contre le front de l'esq. 3.*

C     *Arquebusiers auancez deuant B, pour desordonner ledit es-
      quadron par leurs tirs.*                                          40

D     *Trouppe qui auance huict lances contre les arquebusiers 5, afin
      qu'ils n'offensent les arquebusiers C.*

D     *Encor huict lances auancees contre les arquebusiers 7, afin qu'ils
      n'endommagent les arquebusiers E.*

E     *Arqueb. auancez contre l'esquadron 2, afin que les lances F y
      facent meilleur effect.*

                                                          F *Lances*

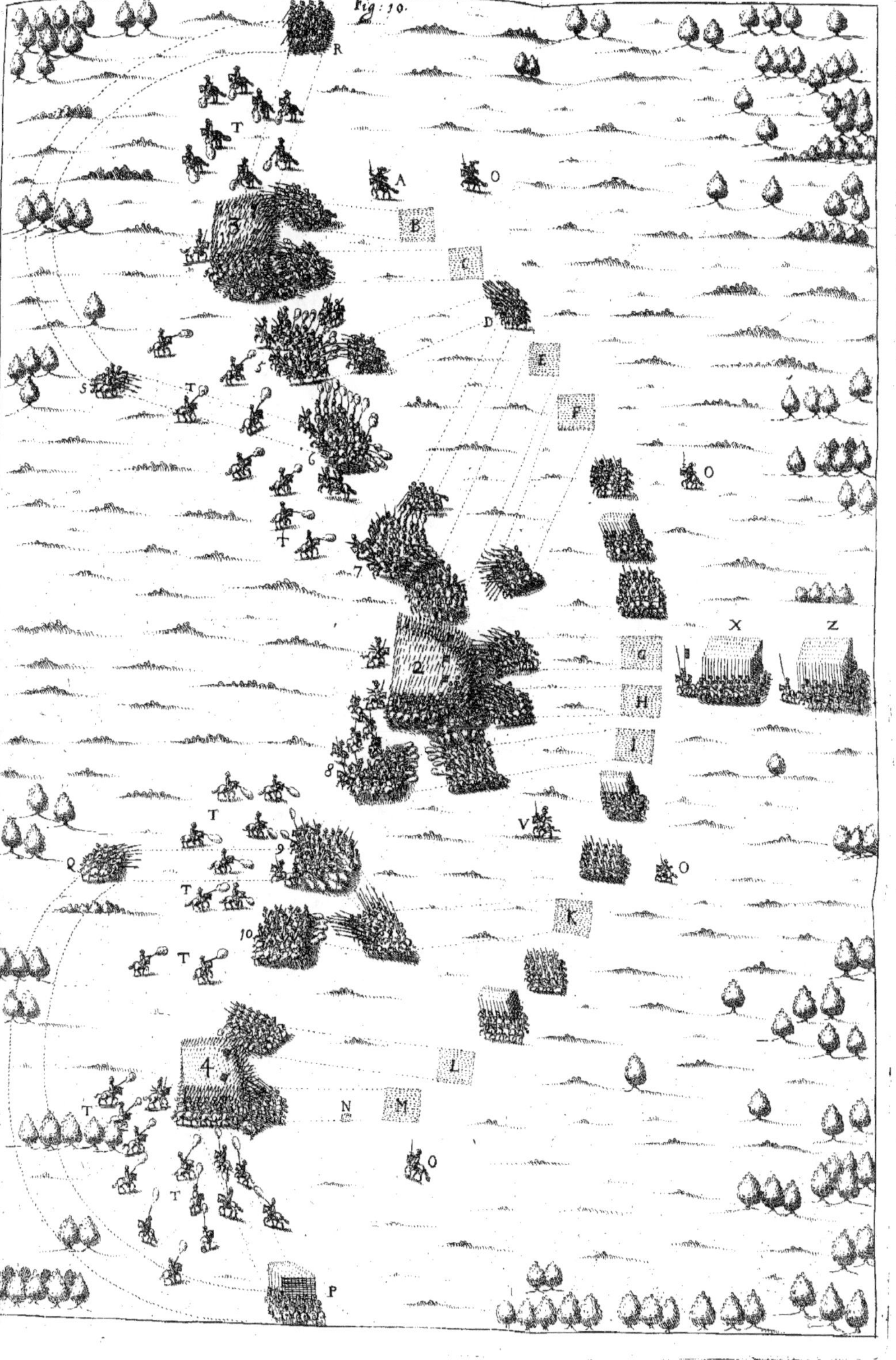
Fig: 10.
R
T
A
O
B
3
C
D
E
F
O
S
T
S
7
G
X
Z
2
G
H
8
I
V
T
O
Q
9
K
T
T
10
L
4
N
M
T
O
T
P

F  *Lances auancees contre le flanq de l'esquadron 2,   là où les ar-*
    *quebusiers E ont fait leurs tirs.*

G  *Lances auancees contre le front de l'esquad. 2.    H Lances a-*
    *uancees pour mesme effect.*

I  *Arquebusiers auancez contre la corne d'extre de l'esqu. 2, par*
    *où les lances H desseignent l'assaillir, le defendans aussi des*
    *arquebusiers 8.*

10 K  *Lances qui auec dessein d'attaquer les deux trouppes d'arquebu-*
    *siers 9 & 10, se repartissent là où moins on les attendoit.*

L  *Arquebusiers enuironnants la corne & le flancq de l'esq. 4, pour*
    *y faire leurs descharges.*

M  *Lances suyuantes pour attaquer ledit esqu. apres les tirs des ar-*
    *quebusiers.*

N  *Lieu du chef, qui se tenant à la corne senestre, s'est auancé auec*
    *les lances M.*

20 O  *Officiers à la queuë de l'ordonnance.*
P  *Trouppe de lances là appostee pour couurir les arquebusiers T*
    *espars, & inuestir l'esq. 4, au flanc ou aux espaules, ou la où*
    *le besoing le requerra.*

Q  *Lances desmembrees de la trouppe P, se tournants pour pren-*
    *dre les arqueb. 9 aux espaules.*

R  *Autre trouppe de lances couurant ses arqueb. T, qui s'estant e-*
    *spars molestent l'ennemi aux flancqs & espaules.*

S  *Lances auancees de la trouppe R, pour prendre les arquebusiers*
30    *6 par les espaules.*

T  *Arquebusiers hors de l'ordonnance lunaire, qui espars par la cam-*
    *pagne molestent l'ennemy de tous costez.*

V  *Commissaire general, qui fait auancer les trouppes selon que le*
    *besoing le requiert.*

X Z  *Les trouppes de reserue.*

  *Les autres trouppes restantes & demeurantes en l'ordonnance,*
*sont reseruees pour le dernier besoing, & pour flanquer les trouppes*
40 *de reserue.*

  *Note que toutes les trouppes tant arquebusiers que lances, a-*
*pres la rencontre, se peuuent retourner pour reprendre l'ennemy par*
*les espaules, auec plus grand dommage, & principalement celles,*
*qui ont desfait les arquebusiers ennemis.*

## CHAP. IV.

### *De boffice du general, de son lieutenant, & du Commissaire au combat.*

CE chapitre contient non seulement des choses qui necessairemét doiuét este cognues, mais aussi assez curieuses : tombant souuentesfois en dispute, quel soit l'office ou charge tantost de cest, tantost d'vn autre officier, en l'ordonnance d'vne bataille. Dont ie traitteray en premier lieu du General de la cauallerie, son Lieutenant, & Commissaire general. Apres des capitaines particuliers des compagnies, & finalement des porte-enseignes.

*Officiers de la cauallerie chãgent de lieu & de charge selon qu'elle se trouhe ou auec ou sans le reste de l'armée.*

Quant au premier, la cauallerie se pouuant trouuer vnie auec le reste de l'armée, ou aussi est la personne du Generalissime; ou separee; esquelles occasions les charges & qualitez de ces chefs reçoiuent quelque varieté (n'estant tousiours les mesmes charges conuenables en temps & lieux diuers) no⁹ sommes forcez de sortir quelque peu, pour mieux esclaircir ce poinct, de nos termes proposez, disans premierement de ce qu'il y a à considerer, quand elle se trouue ioin24te à l'armée, & puis quand elle en est libre & à part soy, qui est le propre suiect de ce discours.

Quand elle se trouue ioinite à l'armée, laissant à part la forme & màniere de disposer les esquadrons de la cauallerie (qui est l'office du Generalissime) ie dis, que le combat de la cauallerie se peut entendre en deux manieres : ou tout ensemble (chose qui aduient rarement) ou

*General en quel lieu se tiẽt quand toute la cauall r:n doit combattre.*

bien en plusieurs fois, à trois ou quatre trouppes ensemble. Si toute la cauallerie doit combattre ensemble: le General sans autre conduira le premier esquadron des lances. Et quand il faudra que plusieurs esquadrons bataillent en vn mesme front ; le General se mettra en la corne dextre, & son Lieutenant en la senestre.

*General & Lieutenant en quel lieu: quelques trouppes combattant à la fois.*

Mais si la cauallerie se doit mouuoir en plusieurs diuerses fois, à quelques trouppes ensemble par fois : les premieres trouppes seront conduites du General : le Lieutenant general, selon l'opinion d'aucuns, assistant en la seconde : Mais sans raison, à mon aduis, sont engagez ces deux chefs principaux en vne premiere rencontre : outre ce qu'vn tel chef, qui d'ordinaire est personnage de grande experience, se doit reseruer pour vn temps & lieu, auquel il puisse faire meilleur seruice. Chose qui se trouue tousiours au second lieu, où il faut estre riche & prompt en partis, pour changer les ordres, & auancer les secondes trouppes ; selon que la fortune des premieres se changera. Et si le General au poinct de la meslee change d'aduis sur l'ordonnance de la bataille ; qui en sera l'executeur, si le Lieutenant general se trouuoit engagé de mesme auec le General ? Peut-estre qu'on me dira, que le Commissaire general en pourroit suppleer le defaut, comme la troisiesme personne de la Cauallerie : mais pour en dire le vray, ce ne seroit bien fait, de charger sur vn, ce qui pour deux seroit iuste somme.

Le Com-

Le Commiſſaire a deſià aſſez, de faire, ſelon ſa charge, iouër ſes eſquadrons, & remedier ſubitement en tous accidens qui peuuent ſuruenir, changeant auſſi ſelon l'occaſió de lieu, ſans s'arreſter nulle part: & apres auoir employé ou mis en œuure les autres trouppes, ſe tient au front de la reſerue, pour ſecourir là où il ſera beſoin: qui eſt la charge plus importante en vne bataille ou rencontre: eſtant l'opinion vniuerſelle de tous, que les trouppes de reſerue ſont celles, qui cauſent la victoire, & qui donnent l'aſſeurance à toute l'armee; moyennant que iuſques à la defaite de l'ennemi elles demeurent vnies enſemble, &
10 lors luy donnent vne charge au trot, de ſorte qu'il n'ait le loiſir de ſe refaire & reprendre haleine, comme il eſt ſuruenu aucunesfois. Et combien qu'on rencontre quelque empeſchement, qui interrompt le cours de la victoire: ayant fait ſon deüoir, la louange n'en ſera pourtant moindre, que ſi elle eſtoit acquiſe. Mais pour preuenir tous les inconueniens par leſquels elle eſt interrompuë; il y faut eſtre treſ-rigoureux, mettant à mort quiconque ſe desbande: car autrement c'eſt choſe difficile de retenir les ſoldats deſireux de la proye. Et celuy qui diſtribuë la reſerue ſoit aduerti de l'encharger à perſonne loyale, & qui ſache certainement, qu'il ne faut paſſer d'vn ſeul poinct des or-
20 dres donnez.

I'en ay veu aucuns, qui au commencement de la victoire, ou par nonchallance ou par autres intereſts, ont permis aux ſoldats de ſe desbander, au pris de quelque notable danger. Mais les chefs de l'armée, en nulle maniere doiuent diſſimuler ſemblables fautes.

De toutes les choſes ſuſdites, peut-on bien comprendre que le Commiſſaire general doit eſtre perſonne de grande experience au maniement de la cauallerie.

Ayant donc parlé du lieu de ces trois perſonnages en bataille, il reſte encor, pour donner contentement à aucuns, que nous monſtrions
30 en quel lieu & rang ils marchent. Or quand la cauallerie eſt ioincte auec le reſte de l'armee: le General ſe doit trouuer en l'auantgarde: cóbien que s'il n'y a ſoupçon de quelque rencontre ennemie, vn tel perſonnage ſe deuroit touſiours trouuer en la compagnie du Generaliſſime. Mais le Lieutenant general, quand on marche, le General y eſtát preſent ou abſent, ſe doit touſiours trouuer en ladite auantgarde, pour prendre de ſon autorité & experience; ſans perte de temps, le party, que l'occaſion, qui s'eſcoule facilemeñt, demandera.

Mais ſi la cauallerie eſt ſeule & eſloignée du reſte de l'armée; de ſorte que le General y repreſente le chef abſolu: il ne marchera point
40 en l'auantgarde, ains au bataillon, pour pouuoir commander en tous endroits. Et le Lieutenant ſera en l'auantgarde, comme auons dit: & le Commiſſaire aura le ſoing, que les trouppes marchent ſelon les ordres donnez.

Il y reſte encor vn doute touchant les compagnies, que chaſcun de ces trois offices a côme propre: aſcauoir ſi elles ſont tant au marcher, qu'en autres affaires, ſuiettes aux ordonnances militaires, comme les autres compagnies de la Cauallerie, ou bien ſi elles en ſont libres & exemptes. A quoy ie reſponds, que la compagnie du Lieutenant ge-

F 4

Compagnie du Commiſſaire n'eſt point exempte, ains plus chargée.

neral ne iouyt d'aucun priuilege, comme auſſi ne celle du Commiſſaire general, laquelle l'accompagne, quand il va recognoiſtre les quartiers & autres lieux : & demi douzaine d'iceux, luy font la garde au logis, afin qu'il ſoit aduerti de bonne heure, quand on ſonne quelque alarme; & l'accompagnent quand il fait la ronde : & luy ſeruent en pluſieurs autres occurrences , en ſorte qu'il n'ait beſoing de trauailler les autres compagnies.

Mais la compagnie du General , debuant touſiours aſſiſter à ſa perſonne, & luy faire la garde, ſera ſeule exempte, c'eſt à dire, non tenue de changer tous les iours ſon lieu au marcher, comme les autres qui 10 changent à leur tour, ſelon le rolle des furiers : de ſorte que le General arriuant à l'auantgarde, & s'y arreſtant, l peut tenir ſa compagnie chez ſoy pour s'en ſeruir, & comme libre , la peut encor incorporer auec la trouppe de l'auantgarde: toutesfois que ce ſoit ſans preiudice du Capitaine, auquel la conduite de l'auantgarde eſt eſcheue; & ne ſeroit raiſon de la luy oſter , pour la donner à la compagnie : & les bons eſprits allans touſiours mendiants les occaſions de s'acquerir honneur : le General, comme pere de tous, ne les y doit empeſcher , ains eſt obligé de les y auancer de tout ſon pouuoir.

20

---

## Chap. V.

*De l'office & lieu d'vn Capitaine de compagnie en bataille.*

Capitaine & ſon deuoir.

LE Capitaine, comme chef, doit ſeruir d'exemple à ſes ſoldats, & eſtre le premier à s'expoſer au danger, quand l'occaſion ſe preſente. Car ſi le ſoldat remarquant quelque crainte en ſon capitaine , ne ſera trop prompt au hazard : & au contraire, combien que le ſoldat ſoit craintif, ſi eſt-ce, que voyant ſon capitaine entre les premiers, il pren- 30 dra le courage de le ſuyure. En ſomme, vn bon Capitaine fait ſon ſoldat; il cognoit les vaillants & les careſſe, pour s'en ſeruir au beſoing : il

Capitaine doit chaſtier les ſoldats laſches & les caſſer ſans ſe ſoucier de la diminution de ſa compagnie.

note les laſches, & les reprend auec rigueur , voire les reiecte, ſans ſe ſoucier de l'amoindriſſement de ſa compagnie. Et de fait, i'aimeroy mieux dix hômes courageux, que cent craintifs; d'autant que ſi quelque diſgrace me ſuruenoit, ayant fait mon deuoir, le petit nombre me excuſeroit : mais ſi auec le grand nombre de ceux-la ie fuiſſe defait, ie ne ſçaurois comment m'excuſer en remettant la coulpe ſur les ſoldats: eſtant tenu, comme capitaine, de les cognoiſtre & diſcipliner.

Capitaine en quel lieu au combat. Le porte enſeigne & ſon lieu au combat. Lieutenant en quel lieu, & quel eſt ſon office au combat. Vn ſoldat laſche ſuffit pour ruiner vne armée.

Et ceſte eſt la cauſe pour laquelle, en toute occaſion de combat, le 40 capitaine ſe doit touſiours preſenter deuant ſa compagnie, auancé de deux ou trois corps de cheuaux de diſtance d'icelle. A la main gauche ſe tiendra le porte-enſeigne auec la cornette en main , comme guide de la trouppe. Le Lieutenant ſuyura à la queue, auec l'eſpée au poing, pour promptement chaſtier le ſoldat qui commettra quelque laſcheté, voire le tuant : vn ſeul vilain eſtant aſſez pour faire honte , voire mettre en routte toute vne arme, & n'eſtant ſemblables gens dignes de vie. Ioint que diſſimulant auec l'vn, on ne peut faire moins, que diſſimu-

simuler auſſi auec les autres: de ſorte que l'exemple eſt plus dangereux
que le faict meſme.

S'il y a pluſieurs compagnies en vne trouppe, les capitaines ſeront
eſgaux, côme auſſi les Porte-enſeignes, & les Lieutenants à la queue;
combien qu'à mon aduis il y auroit aſſez d'vn, les autres s'auançant
vers le front, ou on auroit plus affaire de leur aſſiſtance : d'autant que
les compagnies eſtant ioinctes, font vn ſeul corps, & l'officier peut
chaſtier le ſoldat, encor qu'il ne ſoit de ſa compagnie.

Lieutenants quand ils s'a-uancent vers le front.

Officier, & cô-pagnies ioin-ctes peut cha-ſtier vn ſoldat qui n'eſt de ſa compagnie.

## Chap. VI.

### *Du lieu & obligation du porte-enſeigne au combat.*

NOus auons dit que le Porte-enſeigne va deuant la trouppe à la
main ſeneſtre du Capitaine, auec la cornette en main, comme
guide des autres. Choſe qui ſemble eſtrange à ouyr, veu que l'enſeigne eſt le ſigne auquel les ſoldats ſont reduits & vnis, pour la ſuyure,
comme leur guide, ainſi qu'il en eſt de la banniere de l'infanterie, &
de l'eſtendart des hommes d'armes, cuiraſſes, & des ferrarols, dont
elles ſont colloquees au milieu des eſquadrons, & obſeruees comme
choſe ſacree auec ſi grande ialouſie, que les ſoldats ne les peuuent a-
bandonner ſoubs peine de la hart : & celuy qui la porte, obligé de la
defendre iuſques à la mort. Dont on en a veu pluſieurs, qui pluſtoſt
que de delaiſſer leur enſeigne, ſe ſont laiſſez tuer enueloppez en icelle. Mais tout au contraire la Cornette a ceſte obligation, d'eſtre rompue ſur l'ennemi. De quoy pluſieurs ont eſté eſmeus d'en recercher la
raiſon.

Cornette des lances ſon hon-& diſcours.

Obligation des porſ enſeignes.

On doit doncques ſcauoir que l'inuention de la cornette en la Cauallerie legiere eſt nouuelle ; car il me ſouuient qu'es dernieres guerres de Piemont, ie l'ay veue ſans cornette, & qu'au lieu d'icelle l'Alfier
ou porte-enſeigne, tenoit vne banderolle, quelque peu plus grande
que celles des ſoldats, & de couleur diuerſe, pour eſtre cognue. Et de
fait, la cauallerie legiere n'eſtoit guere eſtimée au pris des hommes
d'armes, iuſques à ce que les lances refinees du Duc d'Alue en ſorte
qu'elles peuſſent ſeruir pour l'vne & l'autre armure, eurent l'occaſion
d'acquerir la cornette.

Cornette de la caualleriæ le-giere eſt de nou-uelle inuention.

Cornette quãd & comment acquiſe à la caualleriæ le-giere.

Puis, quant à ce qu'elle eſt portee en front, il y en a qui penſent que
ce ſoit à raiſon de ſon mouuemêt violent, auquel on ne peut obſeruer
l'ordre ne de file, ne autrement, de ſorte qu'elle ne ſe pourroit tenir au
centre. Mais la raiſon n'eſt ſuffiſante: car le meſme ſe pourroit dire des
hommes d'armes, qui pour faire leur effect prennent auſſi carriere,
en laquelle le dit ordre de file ne peut eſtre obſerué, ne l'eſtendart retenu en lieu certain & permanent. Dont ie dirois pluſtoſt ; que combien que la banderole fut changee en cornette, toutesfois ſon lieu qui
eſtoit en front, n'a eſté changé : comme auſſi ne l'obligation de la
rompre, l'occaſion ſe preſentant ſur l'ennemi. Choſe qui, peut-eſtre,
ſe conceda aux requeſtes des Alfiers, eſtimans que c'eſt honneur fait

Cornette de la caualleriæ le-giere pourquoy portée en front.

F 5

à la compagnie seroit en leur preiudice, s'ils estoyent colloquez au milieu, où ils ne pourroyent monstrer leur prouesse, comme au parauant, quand selon leur obligation ils la rompoyent sur l'ennemi. Mais ceux qui ainsi ne la veulent rompre, seront contraints de la retenir au centre.

*Cornette mise au centre quãd on ne la veut rompre.*

Les arquebusiers l'ont aussi plusieurs fois demandee, mais ne sçay, où selon leur office ils la pourroyent loger, ne comment ils la pourroyent conseruer. Dont aussi iusques à present ils ne l'ont obtenüe.

*Arquebusiers sont sans cornette.*

Or le porte enseigne estant ainsi obligé de rompre la cornette : il y en a qui demandent, s'il ne seroit aussi tenu de la recouurer? Mais il me semble que non : veu que la cornette n'est mise en œuure auec plus de reputation que la banderolle, qui comme vne simple lance s'abbaissoit contre l'ennemi. Et seroit non seulement hors de propos de la rompre pour la recouurer par apres, mais aussi mal seant de l'enarbrer ou esleuer, si apres d'estre rompue, elle luy fut rapportee, comme vne chose abandonnee. Dont en la Caualerie legiere on n'estime iamais la cornette perdue, si elle ne vient entiere en la puissance de l'ennemi.

*Port' enseigne ne doit recouurer la cornette rompue.*

*Cornette de la Cauallerie legiere, quand estime perdue.*

Il y a des autres, qui demandent, si l'Alfier satisfait à son deuoir, rompant sa cornette aux espaules de l'ennemi, ou sur l'infanterie? Ie responds qu'ouy, ne s'y trouuant, & ne s'y pouuât donner aucune limitation. Cependant il n'y a point de doute, que tant plus honorablement elle sera rompue, tant plus il en acquerra de l'honneur. Et faut noter, que la cornette enarbrée, oblige le soldat à se tenir en trouppe. & l'ennemi tournant bride, sans attendre la rencontre, l'Alfier luy doit, s'il est possible, rompre la cornette au dos. pour en desobliger les soldats : l'ennemi ne pouuant estre si bien poursuyui & tant endommagé d'vne trouppe vnie, que quand elle est desbaudee. Si le porte enseigne ne se trouue present au combat, la cornette sera assignee, non point au Lieutenant, comme aucuns le font, veu qu'il seroit empesché de faire son office, & son estat amoindri, mais plustost à quelconque soldat de la compagnie, qui y comparoist aupres, moyennant qu'il soit tel, qui au defaut de l'Alfier, en pourroit pretendre la charge, nonobstant que elle fut demandee de plusieurs, les en laissant debattre entr'eux, veu qu'elle ne peut escheoir qu'à vne personne.

*Port' enseigne comment & quand doit rompre sa cornette.*

*Cornette à qui à consigner en absence du port' enseigné en l'occasion du combat.*

Quant à la matiere de la cornette, il y a encor vn poinct de nouuelle introduction, asçauoir, qu'à l'imitation de la banniere de l'infanterie, le porte-enseigne, la premiere fois qu'il rencontre le iour le Generalissime, encline la cornette (& aucuns le font toutes les fois qu'ils le rencontrent) en signe d'obeissance. Laquelle recognoissance eut son origine de la puissance de pouruoir les compagnies, leur semblant estre vn certain deuoir de ce faire en signe de plus grande reuerence enuers vn chef de souueraine autorité. Chose qui ne se fait aux autres : de sorte que ce seroit vn tresgrand abus, si le General de la caualerie voudroit demander le mesme. Et de fait le Marquis de Robais fut le premier qui le demandoit : & d'autant que les choses de ces Prouinces n'estoyent, pour lors, trop bien establies, & ledit Marquis, personne qui y pouuoit faire grand dommage, & auec ceci nouuellemét reconciliee à sa M. Le bon Duc de Parme pour ne le desgouster, d'vn consen-

*Port' enseigne en signe de reuerence encline sa cornette, & à qui, & origine de ceste ceremonie.*

*Cornette ne s'encline au general de la caualerie.*

consentiment couuert & sans dire mot, conceda que en signe d'honneur les lances luy fussent abbaissees, & non point l'estendart, qui se
reseruoit, comme auons dit, pour l'honneur du Generalissime. Et, à
mon aduis, ledit Robais s'en pouuoit bien estre excusé, de demander
telle chose, veu que ceste inclination des lances, où l'estendart demeu-
roit sans bouger, ne luy augmentoit point d'autorité, ains estoit vn tesmoignage euident, d'vne certaine limitation d'icelle.

En ceste action, ne l'Alfier, ne les soldats ne sont tenus de se descouurir la teste, s'ils ne se trouuent sans la lance, & la main libre. De mesme
en est il, si en marchant, quelque soldat enuoyé pour faire quelque
message, s'approche du General, ou ayant la lance en main, sans tou-
cher au chappeau, luy fait la reuerence en abbaissant quelque peu la
teste. Chose qui leur est permise du general, pour monstrer qu'il a plus
de respect au bien public, & au prompt seruice des soldats, qu'aux cé-
remonies de son honneur.

Par l'occasion de ceste inclination de l'estendart, me souuient d'vn
abus & mal-seance, qui de peu de temps en çà a esté introduite en la
cauallerie, ascauoir, de porter des images des Saincts es cornettes.
Chose qui encor qu'elle seroit côcedee à aucuns, ce seroit seulement
au Guion general, deuant lequel tous les estendarts & bannieres de
l'armée s'enclinent : mais à mon aduis il vaudroit mieux qu'aux cornettes on portast quelques emblemes & deuises, laissant les images
des Saincts où elles puissent estre reuerees comme il conuient.

### Chap. VII.

*Comparaison des cuirasses & lances.*

L'Introduction des cuirasses en la France, auec vn total banniss-
ment des lances a donné occasion de discourir, quelle armure seroit la meilleure. Et quant à moy en estant tout au commencemeit de
ce doubte, requis de quelque personnage, en ay librement tant de
bouche que par escript, donné mon aduis ; & demonstré tant l'vsage
que l'effect de chascune espece, selon la longe experience que i'en ay
eue : dont m'a semblé que ce ne seroit hors de propos, ne peine perdue, d'en adioindre ce petit discours aux superieurs, comme non seulement important de ceste matiere du gouuernement de la cauallerie
legiere, mais aussi encor tiré en doubte de plusieurs de ce mestier.

C'est vne chose claire que la victoire n'est pas tousiours chez celuy,
qui deuance son ennemi de force, ou l'esgale en valeur & fortune; ains
plus souuent est obtenüe de celuy qui a bons soldats, bien disciplinez
& bien conduits: où on voit par experience, que toutes sortes d'armes
ne sont pas propres pour toutes sortes d'exploicts, côme aussi on n'en
peut tousiours proceder d'vn mesme ordre. La lance le demonstre assez euidemment : en ce qu'estant mise en œuure proprement, elle est
si puissante & necessaire, que l'ouuerture & desordre d'vn esquadron
ennemi, pour en obtenir la victoire : mais mal appliquée & gouuer-
née, reussit du tout inutile.

La lance donques pour estre vtile & d'effect pour percer vn esquadron, requiert quatre choses. La premiere, que le cheual soit tres-bon,
d'autant qu'il faut attaquer & inuestir l'ennemi auec grand randon &
violence. La seconde, que la campagne soit propre pour la carriere, a-
scauoir dure & plaine. La troisiesme, que le soldat soit tres-bien exercé au maniement de la lance; chose qui n'est du mestier d'vn chascun.



La quatriesme, qu'elle soit repartie en petis, & non pas en gros esquadrons: tant pource que, comme on voit, seulement les deux premieres files viennent ioindre l'ennemi, & ce, peu vnies à cause de la diuersité des carrieres, que d'autant que ceux qui les suyuent, par la mesme 10
raison s'empeschans l'vn l'autre, seroyent contraints pour faire quelque chose, de se mettre sur le trot, & mal vnis se ietter de l'vn ou de l'autre costé pour prendre leur carriere; dont il faudroit abandõner leurs
lances, n'en pouuant endommager l'ennemy. De sorte que tant plus
grand que sera l'esquadron, tant en sera aussi plus grande la confusion
& le desordre, les plus tardifs estans delaissez de ceux qui sont mieux
montez, qui tousiours veulent penetrer plus auant: & est impossible
de se pouuoir remettre & reunir pour reprendre nouueau parti.



Desquelles raisons se peuuent aussi esclaircir ceux qui voudroyent
que les cheuaux legiers, aprés auoir rompu les lances, se reioignissent 20
pour se seruir des pistoles, comme les cuirasses: ne se resouuenant,
que les lances, pour faire leur effect, sont diuisees en petites trouppes,
& passent parmi les ennemis, en telle confusion & desordre, qu'il est
impossible de se reunir à temps, pour faire l'impression des cuirasses.
Ie me tais du desauantage quelles auroyent se mettant en corps gros,
armez ainsi à la legiere, & bien à cheual, à l'espreuue des cuirasses, qui
sont vne armure pesante, & en cheuaux de moindre prix, auec danger
d'vne perte manifeste, sans aucun, ou bien petit, profit: comme aussi
d'autres raisons qui se peuuent tirer du premier liure & les suyuans,
dont n'est besoing d'en faire des longues repetitions.                 30



Et pour se bien seruir des lances, il faut qu'elles soyent reparties en
esquadronceaux de vingt & cinq ou trente cheuaux: & non en ordonnance à file, comme aucuns François le veulent, estant le front
large trop debile; ains serrez cõme en vn nœud, afin que les premiers



faisans le coup, & les seconds sustentez de ceux qui les suyuent, facent
comme double effect, & plus grand que feroyent les deux simples files
distraittes de l'aide & soustien de celles de derriere.



Ces esquadronceaux ainsi disposez, pour attaquer l'ennemi, se mettront en carriere, non plus loing d'iceluy, que d'enuiron soixante pas,
qui est autant que le cheual peut supporter, afin qu'ils n'y arriuent las 40
& sans vigueur: outre ce, que de tant plus courte qu'est la carriere,
tant plus vnie sera la trouppe.

Voila donques pourquoy la lance n'est bonne pour tout lieu, ne en
gros esquadron: & toutes sortes de gens & cheuaux n'y sont propres.



Dont reussit la difficulté d'en faire leuée.



D'autre part c'est le propre de la cuirasse, de se tenir vnie en vn gros
esquadron, & comme vn corps solide; & tant plus gros & vni qu'il sera, tant plus grande aussi en sera la force & effect. Dont pour ne se re-
lascher

lascher ou desunir, elle attaque au trot, n'vsant de galop, sinon quand
il faut charger l'ennemy mis en fuitte.

Dont elle en tire plusieurs commoditez: La premiere, qu'elle peut
supporter le terrein mol & mal vni, és lieux incommodes: & puis les
cheuaux se mouuent au trot esgalemẽt, & pour mediocres qu'ils
soyent, (comme ordinairement sont les cheuaux de Flandre, trop pe-
sans pour la lance,) on s'en peut seruir. Aussi tout homme armé à la
maniere de la cuirasse, se peut habiliter à ceste armature, auec quelque peu d'exercice, dont procede la facilité d'en faire grande leuée: &
finalement, chascun en son endroict, encor qu'il soit au milieu & ne
combatte, à toutesfois son effect au pois & au choc, se mouuant vni a-
uec les autres.

En apres, quant aux armes, si on considere les defensiues: elles sont
impenetrables de la lance, combien que des temps passez on dit qu'elles n'en estoyent trop seures, peut estre que le fer estoit plus fin & ai-
gu. Dont il faut tascher de blesser le cheual, qui aussi en vne ordonan-
ce si drue, ne monstrant que le front, n'est si facilement attaint. Ioint
qu'on trouue qu'es cuirasses toutes les files, dés la premiere iusques à la
derniere, retiennent leur visage & effect.

Tous ces auantages de la cuirasse font que les lances leur sont de-
meurées inferieures, non seulement de credit & reputation, mais aussi de force & effect; & faut qu'elles leur cedent, de seules à seules, &
quand aussi bien que les cuirasses, elles seroyent contraintes de se tenir en gros esquadrons. Mais si mil cuirasses deuroyẽt combattre contre mil lances reparties en petites trouppes, elles seroyent facilement
percées & deffaites des lances, qui en petites trouppes font plus grand
effect: comme on voit qu'en ceste maniere cent lances peuuent emporter cent cuirasses & dauantage. Ie dis de seules à seules, d'autant
qu'il y en à qui sont d'aduis, que les lances secondées des cuirasses, encor qu'en moindre quantité, seront superieures à autres cuirasses: car
disposées en la maniere susdite en petis esquadronceaux de vingt &
cinq à trente lances, & procurãt de gaigner le flanc des cuirasses contraires, & mouuant leur carriere en iuste distance & à randon, elles les
ouuriront en telle sorte, que leurs cuirasses y suruenant, y trouueront
vn tres-grand auantage. Et en cas qu'elles ne pourroyent gaigner ledit flancq; elles se mettront enuiron soixante pas deuant les cuirasses,
qui les secondent en la meilleure forme que le lieu permettra: & de là
se iettant auec furie & resolution contre les cuirasses ennemies, elles y
feront facilement le mesme effect, comme si elles les auoyent attaqué
au flanc, le tout consistant en ce qu'elles soyent mises en desordre.

I'auroy ici aussi occasion à discourir, si les arquebusiers ioincts aux
lances, seroyent si propres pour desordonner vn esquadron, que les
lances secondées en la maniere susdite, chose que par plusieurs raisons
ie tiens pour impossible: mais ce seroit entrer en longs discours, pour
traicter des musquets, beaucoup plus offensifs aux cuirasses, & d'autres armes & circonstances, qui ne sont de nostre propos & dessein.

Or des susdites qualitez de ces armures i'en tire l'aduis que sa Maiesté deuroit en toute maniere admettre les cuirasses en sa caualleric,

en telle proportion , que des quatre parties, les deux fuſſent deſdires
cuiraſſes, la troiſieſme de lances, & la quatrieſme d'arquebuſiers. Et
s'il ſembloit difficile de reduire aucunes cõpagnies de lances en cuiraſſes, on pourroit oſter les lances aux hommes d'armes du pays , &
leur donner la piſtole.  Et de fait, la nobleſſe leur eſtant grandement
defaillie, ne pouuant pour le peu d'entretenemẽt ſe maintenir de cheuaux ſuffiſans & propres à la lance: ſi on en faiſoit des gros eſquadrõs,
& mettoit la nobleſſe qu'on y trouueroit en front, garnie de trouppes
de cauallerie legiere de lances & arquebuſiers, ſans doubte ce ſeroit
pour en faire treſ-grand effect, & particulierement en France.          10

Cependant, que les lances ayent patience, de ceder à l'inuention
des cuiraſſes , veu que combien que du temps paſſé elles ont obtenu
quelques victoires , ç'a eſté en combattant contre autres lances : là où
maintenant au fait des armes , auquel on ſe fournit des corps gros &
puiſſants, ſi elles vouloyent attaquer les cuiraſſes, ie les en aſſeure, que
elles y auroyent du pire.

*Lieu de l'onzieſme & douzieſme Figure.*

20

## 11 *Figure.*

### Premier Parti.

Que cent lances vnies en vn eſquadron ; attaquant 150 coraſſes, & moins encores, ſeront deſordonnees &          30
defaites.

**A** *Eſquadron de 150 coraces.*
**B** *Capitaine de la corne ſeneſtre, faiſant le carracol de pas.*
**C** *Official en teſte, faiſant le carracol au trot.*
**D** *Capitaine de la corne dextre , carracolant de galop ,pour euiter
     la rencontre des lances.*
**E** *Vn Lieutenant, qui au coſté droict ſe tient quelque peu au large,* 40
     *de galop.*
**F** *Official de coſté ſeneſtre,retenant le cheual,pour ſerrer la troup-
     pe, qui commence à faire front aux lances.*
**G** *Lieutenant à la queue,ſerrant la trouppe au trot.*
**H** *Eſquadron de 100 lances qui cerchant le flanc des coraces, mais
     bien peu l'attaignants , & le reſte donnant au vuide , eſt de
     ſoy-meſme deſordonné.*

I   *Le*

V

I *Le lieu auquel les lances penſoyent gaigner le flanc aux coraces.*

K *Capitaine des lances, qui eſtant paſſé ſans effect, procure de re-*
*unir l'eſquadron.*

L *Lances deſordonnees par la diuerſité des carrieres.*

## SECOND PARTI.

Que cent lances reparties en quatre trouppes, de 25 chaſcune, ayant gaigné le flanc aux coraces, n'y feront toutesfois grand effect, ſi les coraces ſont bien
adroites, voire meſme y receuront
quelque dommage.

M *Eſquadron de 150 coraces.*   N *Capitaine au pas.*

O *Officier au trot.*   P *Capitaine au galop.*

Q *Lieutenant au coſté droit.*   R *Officier au coſté gauche.*

S *Lieutenant à la queue. Tous faiſans le carracol auec le meſme*
*mouuemēt, & intention d'euiter la rencontre des lances ſans*
*deſordonner l'eſquadron.*

T *Eſquadronceaux de 25 lances, venans pour gaigner le flanc au*
*lieu aſſigné, & voyans que les coraſſes gauchiſſent la rencon-*
*tre, ſe tiennent plus haut, mais y arriuent trop tard.*

## TROISIESME PARTI.

Que cent lances bien reparties, & gaignans les deux flancs
de 150 coraces, en ſeront victorieuſes.

V *L'eſquadron des coraces enſerré au milieu des lances.*

X *Eſq. qui attaquant l'angle droit des coraces l'a deſordonné.*

Y *Eſq. qui ſerré le flanq droit, & le defait.*

Z *Eſq. qui emporte l'eſpaule ſeneſtre des coraces.*

& *Eſquadronceau qui vient attaquer l'angle ſeneſtre du front, &*
*le trouuant deſordonné, y fera grand effect.*

## 12. *Figure*

En laquelle eſt demonſtré, que mil coraces ordonnees en
quatre eſquadrons , l'vn deſquels auſſi eſtant de reſerue,
feront veincues de ceſte ordonnance des lances ſeules;
qui eſt d'vne demi lune double , ayant les cornes com-
poſees d'vne ordonnance faillie , rangees en telle pro- 10
portion,que combien que quelques trouppes en fuſſent
demembrées , toutesfois la forme lunaire y demeure aſ-
ſeürée & defendue.   Et eſt ceſte ordonnance compoſée
des deux approuuées du Conte Baſta , l'empeſchement
des arquebuſiers en eſtant oſté.

A   *Premier chef de mil cheuaux, ſe tenant à la corne droicte.*
B   *Second chef à la corne feneſtre.*
C   *Commiſſaire general, pour y donner les ordres neceſſaires.*    20
D   *Corps de reſerue.*
E   *Autre corps de reſerue.*
F   *L'officier à la queue des trouppes.*
2, 3   *Eſquadrons ennemis de 300 coraces chaſcun.*
4, 5   *Eſquadros ennemis de 200 coraces chaſcun.*


## F I N.

Fig: 12.

### A.

A Duis de George Bafta de mettre les co-
races es armees de Flandre. 73
Alarme faulce pourquoy efmeuë de l' enne-
my. 24
Alarme faulce & frequente eft molefte.
Alarme comment donneé fans bruit.

Arquebufiers quand & pourquoy inuentez.
Aquebufier & fes feruices. (17
Arquebufier comment armè.
Arquebufier quand vferá de l'efpee.
Arquebufier pourquoy ne doibt eftre chargé
d'armes.
Arquebufier quand à armer, & de quelles ar-
mes.
Arquebufier pourquoy doibt auoir bon che-
Arquebufier doibt eftre ieune & robufte. (ual.
Arquebufiers excellents des Wallons & Bour-
guignons.
Arquebufiers pourquoy ne reüffiffent bõs des
Efpagnols & Italiens. 18
Arquebufiers comment font le coup. 20
Arqueb. efpars par la campagne moleftent
l'ennemy deuant la bataille.
Arqueb. à fuftenter des trouppes des lanciers
voy combattre.
Arqueb. & leur lieu au quartier. 23
Arqueb. & leur corps de garde au logis. 24
Arqueb. en l' auant & arrieregarde dange-
reux, demonftré par exemple. 49
Arquebufiers & leur lieu au marcher par lieux
eftroits. 50
Arqueb. & leurs trouppes en quel nombre. 50
Arqueb. & leur rang en l'auant & arrieregar-
de. 50
Arqueb. & leur râg de nuict par païs ouuert. 50
Arqueb. & leur rang marchant de nuit par païs
eftroict. 50
Arqueb. en quelle occafion de plus grand fer-
uice aux lances. 53
Arqueb. ne pouuant flanquer les lances ou à
mettre. 53
Arqueb. & leur rang en l'ordonnance lu-
naire. 61
Arqueb. pour quel vfage referuez a la queüe
des efquadrons des lances.
Arqueb. & leur vfage en bataille.
Arqueb. au combat n'e f' auancent oultre la
couuerture des lances.

Auantcoureurs & leur vfage au quartier. 27
Auantcoureurs & leur importance. 28
Auantc. en quel nombre. 2
Auantc. & office de leur chef. 29
Auantc. leur office & aduertiffements.
Auantc. & aduis quand ils font chargez de
l'ennemy,
Auantc. leur office & nombre. 48
Auantc. quand a redoubler. 48
Auantc. mal propres caufent des inconue-
nients, demonftré par exemples. 48
Auant. paoureux ne defcouurent bien. 49
Auantc. & notables aduertiffements pour
leurs chefs.
Auantc. quand font laiffez en queüe. 44
Auantc. ne fuffifent pour affeurer vne armeé,
en laquelle il y a faulte d' aultres diligences.
Auanc. quand ne font mis en oeuure. (49
Auantc. redoublez quand on marche par païs
eftroict.

Auantgarde, en corps de garde vnis, appartient a celuy dont la fentinelle donná
l'alarme. 25
Auantgarde briguee, & maniere de fatisfaire
aux prætendans d'icelle. 47
Auâtgarde pourquoy renforcee de gens d'ef-
lite.
Auantgarde deuenant arrieregarde, commêt
on fatisfait aux pretenfeurs d'icelle.
Auantgarde en marchant, ayt touffours bonnes guides. 51
Auantgarde a qui deüe, la caualleríe marchant fans eftendart general. 55

Auditeur de la caualleríe, & fon office. 7

### B.

B Agage, fon lieu & cure au loger. 26
Bagage & fon ordre au marcher. 46
Bagage comment receu du Capitaine de cam-
pagne.
Bagage & fon rang marchant en campagne
ouuerte.

Bataillé voy combattre.

Battre le chemin & comment voy auantcourreurs. 30

Butin & les differences fur iceluy font iugez
du Commiffaire general. 7
Butin & fa diftribution. 16
Butin comment a contregarder de fraude. 16

## C.


CApitaines ieunes & inexpetts, dangereux. 2

Capitaine, a ij paruenir par tous, les degrez. 2

Capitaine doibt cognoistre l' habilité & incli-
nacion de ses soldats. 7

Capitaine caresse les bons soldats en leurs necessitez. 3

Capitaines ayants aultre fin que l' honneur
descripts. 4

Capitaine auare, mesprisé de ses soldats.

Capitaine & sa pompe en quoy consisté.

Capitaine ayt bonnes armes & bon cheual.

Capitaine doibt estre continant. 4

Capitaine vicieux fait ses soldats de mesme. 4

Capitaine doibt auoir la crainte de Dieu. 4

Capitaine ayant mauuaise conscience, limide.

Capitaine des lances brigué par grans Princes.

Capitaine de Cauallerie choisis chef de la
guerre.

Capitaine, grans seigneurs dommageables en
la guerre. 8

Capitaine a l' autorité de choisir & chasser ses
officiers. 8

Capitaine ne doibt donner offices par intercession.

Capitaine ne consente des factions en sa compagnie.

Capitaine comment entretient le tompette. 4

Capitaine n' accepte soldat d' aultre compagnie. 15

Capitaine particulier: son office au combat.
68

Capitaine chasse les vils, mesme auec amom-
drissement de sa compagnie.

Capitaine & son lieu au combat.

Capitaine de Compagne, & importance de
son office. 11

Capitaine de Campagne pouruoit des guides. 11.43

Capitaine de Campagne, a soing du pris des
victuailles, & aultres marchandises au
camp. 11

Capitaine de Campagne a la cure du bagage.

Capitaine de Campagne & les choses en luy
requises.

Capitaine de Campagne iniurié, ne se doibt
dissimuler des chefs.

Capitaine de Campagne ne doibt abandonner son baston.

Capitaine de Campagne n' entre es quartiers
pour la recerche.

Capitaine de Campagne or sa cure au fait des
loger. 21

Capitaine de Campagne prend le nom du
quartier & le lieu du bagage par escript.

Capitaine de Campagne assigne la place aux
viuandiers. 21

Capitaine de Campagne a soing du bagage
marchant. 46

Cauallerie & le maniement d'icelle incognue
aux anciens, & pourquoy voyle preface.

Cauallerie & son vsage entre les anciens.

Cauallerie legiere quand a commencé a se dis-
cipliner.

Cauallerie premierement reduitte en art par
George Basta.

Cauallerie & sa reputacion en Flandre.

Cauallerie legiere s'entend en ce traicté, entant qu'elle eschet soubs le gouuernement
du Commiss. 1

Cauallerie, sa corruption dont procedce en
Flandre. 12

Cauallerie se doibt conseruer auec grand esgard. 10

Cauallerie comment & quand elle perdit sa
reputacion. 18

Cauallerie en grand nombre, logeé en diuers
villages, ou será la place d' armes generalle. 26

Cauallerie logeé en grand nombre en païs ouuert comment s'asseure.

Cauallerie logeé es villages esloignez de la place d' armes, comment se comportera l'ennemy s'approchant.

Cauallerie quand marche sans l' estendard general. 54

Cauallerie leg.& son gouuernemant, s'entent
en ce traicté separeé de toute Infanterie. 47

Cauallerie leg. s'entend des lances & arqueb.
sans y compendre les coraces. 58

Cauallerie legiere quand a acquise la cornette. 64

Chef de guerre, ne se fie trop de son iugement. 3

Chef de guerre communique ses pensees aux
officiers.

Chef quand vserá de seuerité. 5.15

Chef cognoistrá les soldats d'esprit,& discour-
rá aulcuneffois auec iceulx. 3

Chef ne mesprise l'ennemy quoy que debile.
23

Chef vserá tousiours des mesmes diligences
comma s'il auoit l'ennemy en queue. 23

Chef de l'ennemy bien cognu, de grande importance. 37

Chef de guerre se precipita par presomption.

Chef ce qu'il doibt presupposer de son ennemy. 38

Chef ne s'asseure sur ses forces, ne de ce qu'il
pense l'ennemy estre esloigne. 39

Chef ne se souleiera des murmures des soldats. 40


Chef

Chef recognoiſtra ſes defaults, & ſ'aſſeurera que l'ennemy en eſt aduerty. 44

Chef comment entendra l'eſtat de l'ennemy.

Chef ſera touſiours prompt au combat. 44

Chef retiendra ſes ſoldats deſireux de la proye, du combat. 53

Chef voy general.

Cheual legier quel eſpee doibt porter. 18

Cheual legier quel cheual doibt auoir.

Cheuallier comment doibt mettre l'eſpee en oeuure. 71

Cheuallier appres la lance rompue ne peult

Cheuallier voy ſoldat. (ſeruir de corace.

Chenal auec quel ſoing a conſeruer. 11

Côbattant, ordre pour manier la caualletie. 93

Combattant, quelle eſt la millieure ordonnance des trouppes. 58

Combattant comment ſ'entendent les ordonnances. 64

Combattant, ou ſe mettent les trouppes de reſerue. 61

Côbattant, ordre pour auancer les trouppes.

Combattant comment on ſe ſeruira des trouppes des arquebuſiers.

Combattant les arqueb. iamais ne ſ'auancent de la couuerture des lances.

Combattant lieu & office du general. 64

Combattant lieu & office du Lieutenant General. 66

Combattant toute la Cauallerie enſemble, lieu & office tant du General que du Lieut. Gen.

Combattant la Cauall. en pluſieurs trouppes lieu du General & du Lieutenant.

Combattant lieu & office du Commiſſaire General. 66

Combattant, debuoir de chacun capitaine particulier. 68

Combattant, lieu du Portenſeigne.

Combattant, lieu & office des Lieutenants des Compagnies.

Combattre, tout Capitaine touſiours doibt eſtre preſt. 44

Combattre voulet, enuoye des arqueb. eſpars par la Câpagne pour moleſter l'ennemy. 61

Combat de la Cauall. leg. ſ'entend contre aultre Cauall. Legiere. 66

Commiſſaire General, ſe preeminence & autorité. 5

Commiſſ. General & ſon origine.

Commiſſ. Gen. qui le premier de ce tiltre & office.

Commiſſ. & ſon office quelques fois changé.

Commiſſaire & ſon autorité accreue en la perſonne de George Baſta. 6

Commiſſ. comment & quand declaré la troiſieſme perſonne de la Cauallerie.

Commiſſ. quand & comment ſubmis au Maiſtre de Camp. General.

Commiſſ. & choſes en luy requiſes.

Commiſſ. comment ſcaura en quel eſtime il eſt aupres des ſoldats.

Commiſſ. decide les differens ſur les butins & aultre. 7

Commiſſaire & ſon aduis rarement contredit du General.

Commiſſ. en quelles occaſions fait executer des ſentences criminelles.

Commiſſaire: l'office ſe doibt encharger, a vn vieu Capitaine.

Commiſſ. choiſit, repartit, & reuoit la ſituacion pour le logis. 21

Commiſſ. nomme le Furier Maieur, lequel appres eſt confermé par le General. 22

Commiſſ. doibt eſtre le premier en la place d'armes, & y donner les ordres requis. 26

Commiſſ. ne ſ'entremet es corps de garde, qui ſe mettent au camp. ou comment & quand. 36

Commiſſ. ſon lieu & office au combat. 67

Commiſſ. ſon lieu & office au marcher.

Commiſſ. ſa Compagnie n'eſt exempt d'aultres charges. 68

Compagnie du Lieutenant General n'eſt exempte. 67

Compagnie du General, exempte de toute aultre charge. 68

Comp. du Gen. miſe en l'auantgarde, ne l'occupera au Capitaine d'icelle.

Compagnies briguees de Princes & grands Seigneurs. 8

Compagnies conferees du Prince de la guerre. 8

Compagnies voy Capitaine. & Trouppes.

Corace n'eſt du contenu de ce liure. 17.58

Corace, ſon inuencion, effects & choſes requiſes. 17

Corace, comment va attaquer l'ennemy. 17

Coraces de facile leueë.

Coraces comparees auec lances. 71

Coraces, leur vſage, force & propriete. 73

Coraces: Conſeil de George Baſta de leur admiſe en Flandres. 74

Cornette & ſon inuencion. 64

Cornette quand ne doibt eſtre portee. 51

Cornette pourquoy porteé en front. 64

Cornette quand a remettre au contre.

Cornette ne conuient aux arquebuſiers. 70

Cornette rompue ne ſ'enarbre.

Cornette de Cauallerie quand eſtimee perdue.

Cornette a qui ſe recommande en abſence du Port-enſeigne. 70

Cornette a qui ſ'encline.

Cornette: abus d'y peindre les images des Sainets. 71

Corps de garde d' arqueb. leur lieu, office &
debuoir au logis.                                24
Corps de garde de lances & leur lieu au logis.
24
Corps de garde pourquoy ne se mettent hors
des repaires.
Corps de garde tiennent les armes prestes &
les cheuaulx bridez.
Corps de garde & debuoir de leurs chefs.   25
Corps de garde & leurs chefs treseftroictemét
obligez, quand l' ennemy leur vient sus. 25
Corps de gardes diuers, quand & comment
s' vnissent.
Corps de gardes vnis : ce luy dont le sentinelle
donná l' alarme aurá l' auantgarde.
Corps de garde leur lieu & effect au quartier.
27
Corps de garde ne peuuens tousiours estre a
cheual, ne tenir les cheuaulx bridez.
Corps de garde, a qui en tousche le soing, la
Cauall. estant toute ensemble en Campa-
gne.                                             10
Corps de garde : Voy Quartier.

E.

EStendart General, & incliniacion d'iceluy
quand eut son origine.                          70
Estendart Gen. s'incline seulement au Generalissime.

F.

FVrier maieur repartit le logis.               22
Furier maieur nommé du Commissaire
& confermé par le general.
Furier maieur, son office & choses requises.
Furier maieur distribue les gardes & donne
le mot du guet.
Furier maieur & ses aydes soyent vigilants en
temps suspects.                                 34
Furier d' vne compagnie & son office.           9
Furiers mineurs, quelle est leur charge au faict
du loger.
Furier prend le mot du guet.                    10
Furier de buroit distribuer les payements.
Furiers mineurs suiuent le maieurs, repartis-
sant les logis.                                 22
Furiers & leur dexterité pour satisfaire a chas-
cun.

G.

GEneral de la Cauallerie, son office, &
ordre au combat.                            66
Gen. & son lieu, toute la Cauallerie combat-
tant.
Gen. son lieu marchant auec toute l' armee. 67
Gen. son lieu marchát auec la Cauallerie seule.
General. se Compagnie libre de toutes aultres
charges.                                       138
George Besta le premier qui a reduict le ma-
niement de la Cauall. leg. en art. preface.

George Basta, estant Commissaire, accroist
son autorité.                                    6
George Basta, Commissaire, declaré la troi-
siesme personne de la Cauallerie.
George Basta, porte la charge, de Commissai-
re treize ans.
George Basta Commiss. mandé en France,
chef de toute la Cauallerie.
George Basta repoulse l'ennemy assaillent son
quartier en Oosterhout.                         33
George Basta repoulse auec 16. cheuaulx le
Seig. d' Humiers, assailant son quartier.
George Basta, comment asseuroit so quartier,
en païs large & plain.                          33
George Basta assault & de fait le quartier du
Conte de Meurs logé sur le Rhin.                38
George Basta auec quel ordre defit mil che-
uaulx des Estats pres de Contwich.              52
George Basta fait grand seruice au Duc de
Parme, en la routte des Anglois a Rosendal.
voy ses exploits.                               54
George Basta, conseille d' admettre les coraces
es armees de Flandre.                           73
George Basta, son aduis de reduire les hom-
mes d' armes en cuirasses.

Guides & leur vtilité.                           44
Guides comment a entretenir.
Guides prouëues du Capitaine de Cápagne.
Guides, leur necessité examen, & aduertissi-
ments en païs large.                            51
Guides escarces : l' auantgarde en aurá l' auan-
Guides voy Marcher. ou marchant.      (tage.

L.

LIeutenant General. son office & lieu au
combat.                                     66
Lieut. Gen. son lieu quand plusieurs trouppes
combattent.
Lieut. Gen. soit que la Cauall. marche seule ou
accópagnee, tient tousiours mesme lieu. 67
Lieu. Gen. se Compagnie n'est exempte d' au-
lcune charge.
Lieut. d' vne Compagnie succede au Capitai-
ne.                                              9
Lieutenant & son office.
Lieutenant & qualitez en luy requises.
Lieut. en vne Cópagnie met les corps de garde
Lieut. des Compagnies, leur office & lieu au
combat.                                         68
Lieutenant es Compagnies incorporees en-
semble, peult chastier soldat qui n'est de sat
Compagnie. Voy officier.

Logis quand on le va faire ; charge des furiers
mineurs.                                         9
Logis repartis par le Furier Maieur.            22
Logis quand en le va faire ; cure du Capitaine
de Campagne.                                    22
Loger & diuerses consideracions de la situa-
cion.                                           23
                                              Logis

Logis & cōmoditez es villages de Flandres. 24

Logis de la Cauallerie : ordre pour satisfaire a chascun. 22

Logeant Cauallerie & Infanterie ensemble en plusieurs villages, l'Infanterie se loge es plus proches de l'ennemy. 23

Logeant grand nombre de Cauallerie en plusieurs villages, ou se fera la place d'armes generalle. 26

Logis du Bagage.

Logis en païs ouuert comment a asseurer.

Logeant en mauueis temps : aduertissement pour les officiers. Voy quartier. 35

Loger la Cauallerie, s'entend a la maniere de Flandre & de France. 21

Loger a couuert, son vtilite & inuencion. 24

Loger auec tous ses aduertissements assubtiles au possible par deux fameux guerriers. 21

Loger : on prend informacion des paisans. 22

Loger & cognoissance du lieu a qui enchargee : Voy quartier. 16

## M.

MArchant en bon ordre dispose de la victoire en remontres & batailles subites. 43

Marcher & ses cōsideracions diuisees en quattre membres.

Marcher requiert bonne informacion du chemin : & de qui se prend.

Marchant il fault faire prouision de guides & paisans. 43

Marchant : il fault preoccuper las passage & s'asseurer des aduenues de l'ennemy. 44

Marchant, en quel ordre on sorte de la place d'armes. 46

Marchant, lieu & ordre du bagage.

Marchant lieu & office du Capitaine de Campagne.

Marchant par campagne ouuette, comment est conduit le bagage.

Marchant, lieu & ordre des vallets.

Marchant, quel desordre les vallets peuuent causer.

Marchant, chascun soldat porte ses armes sans ayde de vallet.

Marchant de nuit les vallets a contenir auec rigour. 47

Marchant comment on satisfait aux pretensions de l'auantgarde.

Marchant ordre de l'auantgarde.

Marcher voulant, comment on repartit les trouppes. 47

Marchant, on enuoye des auantcourreurs. 101. iusque a. 49

Marchant, en quelle occasion les auantcourreurs sont omis.

Marchant par païs ouuert ordre & repartiment des trouppes.

Marchant par païs large, lieu des arqueb. 50

Marchant de nuict, ordre & repartiment des trouppes. 51

Marchant de nuict, diligences pour ne faillir le chemin.

Marchant de nuict auec soubzon, on se fortifie de ceste part des trouppes libres.

Marchant de nuict par païs ouuert, lieu des arquebusiers.

Marchant de nuict par lieux estroicts, lieu des arquebusiers.

Marchant, la trouppe d'eslite, resolüe de recebuoir toute rencontre, ne porte cornette.

Marchant, les trouppes estendues, comment on aura aduis de l'vne a l'aultre. 52

Marchant par païs estroicts, informacion du Capitaine. 53

Marchant par païs estroict, quel seruice les arquebusiers peuuent faire aux lanciers.

Marchant comme dessus, & les arqueb. ne pouuāt flanquer les lances ; ou a colloquer.

Marchant par païs estroict, on redouble les auantcourreurs.

Marchant par païs estroict, ordre pour acheminer les trouppes, & leurs aduertissemēts.

Marchant cōmedit : a qui appartient de maintenir la deuë distance entre les trouppes.

Marchāt sans deuë distance des troppes ; dangereux : demonstré par exemples.

Marchant les trouppes de toute la Cauallerie, ou d'vne partie d'icelle sans l'estendart, ordre pour satisfaire aux pretensions des premiers rangs. 54

Marchant la Cauallerie auec l'armeé, lieu du General. 67

Marche la Cauallerie seule ou accompagnee, le Lieutenant General garde son rang ordinaire.

Marchāt, office & lieu du Cōmissaire General

Mareschal bon, de combien d'importance. 10

Milice des Romains : son institucion & discipline. 12

Milice de nostre temps, & misere d'icelle. 13

Mutins & leur punicion. 16

## N.

NIcolas Basta defait vn quartier logé en Driel. 38

## O.

OBeir comment necessaire deuant de vouloir commander. 2

Officiers de guerre, auec quelle raison le pretendent estre les in experts. 1

Officiers & soldats a quels dangers exposez, oultre ceulx de l'ennemy. 2

Officiers de guerre, pour commander ne leur suffit la seule noblesse sans aultres merites. 4

Officier pour quoy doibt auoir longuement seruy pour soldat.

 Officiers

Officiers & leur election. 2

Officier de guerre, quelle fin ou butte doibt auoir.

Officier ne peult faire chose signalee sans hazard.

Officiers, quels doibuent estre preferez. 9

Officiers se tiennent aupres de leurs compagnies. 16

Officiers côment tenus de liurer malfaitteurs au Capitaine de Campagne.

Officiers & leurs aduertissements, logez auec mauuais temps en lieux suspects. 35

Ordonnance pour combattre, commét s'entend. 59. iusq; a 64.

Ordonnance pour combattre entendue en quattre sortes. 59

Ordônâce de l'vne trouppe derriere l'aultre, a quel desordre est subiecte.

Ordonnance de toutes les trouppes de front, & ses defaults notables.

Ordonnance sallée & ses exceptions. 60

Ordonnance lunaire, & ses auantages par dessus les aultres. 61

Ordonnance lunaire, ses opposicions, & responces sur icelles. Voy combattre. 63

Ordres militaires a publier & obseruer en la Cauallerie. 15

#### P.

Place aux viuendiers de qui assignee. 22

Place des viures, son lieu au quartier. 23

Place d'armes: son lieu.

Place d'armes, l'importance & consideracions du lieu d'icelle. 25

Place d'armes pour la nuict & son lieu. 26

Place d'armes pour le iour, & son lieu.

Place d'armes ou se mett, la Cauallerie occupant plusieurs villages.

Place d'armes: lieu que chasque Compagnie y doibt auoir assigné.

Place d'armes: lieu des Compagnies de qui assigné.

Place d'armes: obligacion du Commissaire, Furiers, maieur & mineurs, de s'y trouuer les premiers. 26

Place d'armes & ordre en icelle pour marcher Voy quartier. 44

Port-enseigne & choses en luy requises. 9

Port-ens. son office en garnison. 10

Port-ens. souloit entretenir vn tromppette.

Port-ens. son lieu & obligacion en bataille. 69

Port-ens. quand doibt rompre la cornette. 70

Port-ens. Voy cornette.

#### Q.

Quartier comment asseuré. 23

Quartier: facilité d'estre assailly.

Quartier: louable entreprise de l'assaillir.

Quartier: sa seurté consiste en gaigner temps pour s'armer.

Quartier de tous costez exposé aux aduenues de l'ennemy, comment s'asseure. 26

Quartiers repartis en plusieurs villages, en quel d'ceeulx sera la place d'armes.

Quartiers comme dessus: quel est le debuoir des chauaulx logez es villages plus esloignez de la ditte place.

Quartier: lieu que le bagage y doibt auoir. 29

Quartier assailly commét a defendre, mesme auec dommage de l'ennemy.

Quartier: comment a asseurer, si on n'auoit le temps de recognoistre la contree. 33

Quartier: & vigilance qu'il y fault appliquer en lieu suspect. 34

Quartier: ordre de l'asseurer en temps & lieu suspect, quand il fauldroit tenir les gens a couuert.

Quartier en païs large & plain, comment s'asseure. 35

Quartier: & maniere de l'assaillir. 35.37

Quartier, le voulant assaillir, quel ordre y fault tenir. 37

Quartier: quel repartiment des trouppes de l'assaillant.

Quartier: a l'assaillant de grand importance de retenir les soldats de la proye.

Quartier: nombre & proporcion de l'assaillant, auec les assaillis.

Quartier: l'assaillant, debuoir de chasque trouppe.

Quartier logé en Driel defaict par Nicolas Basta. 38

Quartier: de l'assaillir d'aultre temps & maniere de la precedente.

Quartier: pour estre asseuré, qu'est ce qu'on doibt presumer de l'ennemy. 34

Quartier & son asseurance, ne consiste en ce que l'ennemy soit de petites forces ou esloigné.

Quartier: pour y estre asseure ne fault tenir conte des murmures des soldats. 40

#### R.

Reserue & son lieu en bataille. 61

Reserue: quand elle se doibt mouuoir.

Reserue: sa necessité & effect en bataille. 66

Reserue & son chef, quel doibt estre. 67. Voy trouppes.

Ronde quand se doibt faire des officiers des Compagnies. 28

#### S.

Sentinelles & leur lieu en gardant le logis. 27

Sentinelles: leur inuencion.

Sentinelles de iour differentes de celles de nuict.

Sentinelles doubles & leur vsage.

Sentinelles & leur lieu.

Senti

Sentinelles en quelle diftance de l'vne a l'aul-
tre.
Sentinelle double & fon office.
Sentinelles quand a conioindre.
Sentinelles & leur limitacion.                    28
Sentinelles, quand fe retire.
Sentinelle de iour, & fon lieu.
Sentinelle de nuiĉt en fon lieu.
Sentinelle, obligeé d'arrefter ceulx qui entrent
ou fortent, du quartier.
Sentinelles ordre quon tient a les changer.
Sentinelles quand rondées ou vifitees des of-
ficiers de la compagnie.
Sent. leur aduis, quand l'ennemy les charge-
roit, pour entrer auec elles au quartier.          2
Seruiteurs: Voy Vallets.
Soldat ne feĩa chofe fignalee fans hazard.        3
Soldats de noftre temps: & leur mifere, Pa-
rangonez au temps paffe de la milice Ro-
maine.                                         12.13
Soldats mal payez ne fe peuuent tenir par ri-
geur.                                             14
Soldats bien payez fe peuuent tenir en difci-
pline rigoureufe.                                 15
Soldats vieulx & chargez de famille a re-
nuoyer aux guarnifons.                            16
Soldat ne conduife femme en campagne.
Soldat n' aurá plus d' vn cheual de feruice.
Soldat: fe peine f'il n'obeit au fon de trom-
pette, & ne fuit l'eftendart.
Soldat ne forte du quartier fans licence.
Soldats quand & quels participent au butin.
Soldats comment affeurent le coup es che-
uaulx ennemis.                                    14
Soldat en Marchant porte fes armes, fans l'ay-
de du vallet.                                      46
Soldat ne fe laiffe faifir de paour.               48
Soldat defireux de la proye a retiner du com-
bat.                                               53
Soldat: vn couuardt & lafche fuffit pour faire
perdre toute l'armee.                             68



Trompette & fon office.                         10
Trompette commande les gardes.
Trompette doibt diffimuler les mefcontente-
ments.

Trompettes fe foulôint tresbien entretenir,
l'vn aupres du capitaine, & l'aultre aupres
du Port-enfeigne.
Trompette & pourquoy le fouuent le boutte-
felle n'eft trop bon.                             34
Trouppes pour affaillir vn quartier commẽt a
diftribuer.                                       37
Trouppes comment a repartir pour marcher.
48
Trouppes: leur repartiment marchant de
nuiĉt.                                            51
Trouppes d' eslitte precedentes pour recebuoir toute rencontre font fans cornette.
Trouppes diftantes comment auront aduis
de l'vne a l'aultre.                              52
Trouppes conduiĉtes de leurs capitaines: leur
preceptes.
Trouppes & leurs diftances marchant par
païs eftroiĉt.                                    53
Trouppes & leurs chefs ne laiffent paffer de-
uant eulx chofe qui les puiffe empefcher.
Trouppes n'ayant obferué la deüe diftance,
foit au marcher, ou au combattre: & ce qui
leur eft aduenu.
Trouppes de referue & leur lieu en bataille. 61
Trouppes & ordre de les auaner en bataille.
Trouppes de referue quand fe mouueront.
Trouppes de referue & leur effeĉts en batail-
le.                                               66
Trouppes de referue & leur chef, quel doibt
eftre.                                            67
Trouppes des lances quel nombre admet-
tent.                                             72
Trouppes des lances attaquent reftrainĉtes
en vn noeud.



Vallets: leur lieu au marcher.                  46
Vallets, de qui conduiĉts.
Vallets, quand laiffez a la pourfuitte de l'en-
nemy.                                             47
Vallets auec quelle rigueur a contenir.
Vallets voy marcher.
Viĉtoire auec quelle rigeur fe doibt mainti-
nir.                                              67

www.ingramcontent.com/pod-product-compliance
Lightning Source LLC
LaVergne TN
LVHW021844170726
843503LV00003B/1062

*9782329757438*